Rundgang Durch Den Königlicher Botanischer Garten Zu Berlin...

Botanischer Garten (Berlin, Germany), Adolf Engler

Rundgang

durch den Königlichen

Botanischen Garten

zu Berlin.

Herausgegeben im Auftrage der Direction.

Zweite, durchgesehene Auflage.

Mit einem Plane des Gartens.

Berlin 1895.

Gebrüder Borntraeger.

Preis 50 Pfennige.

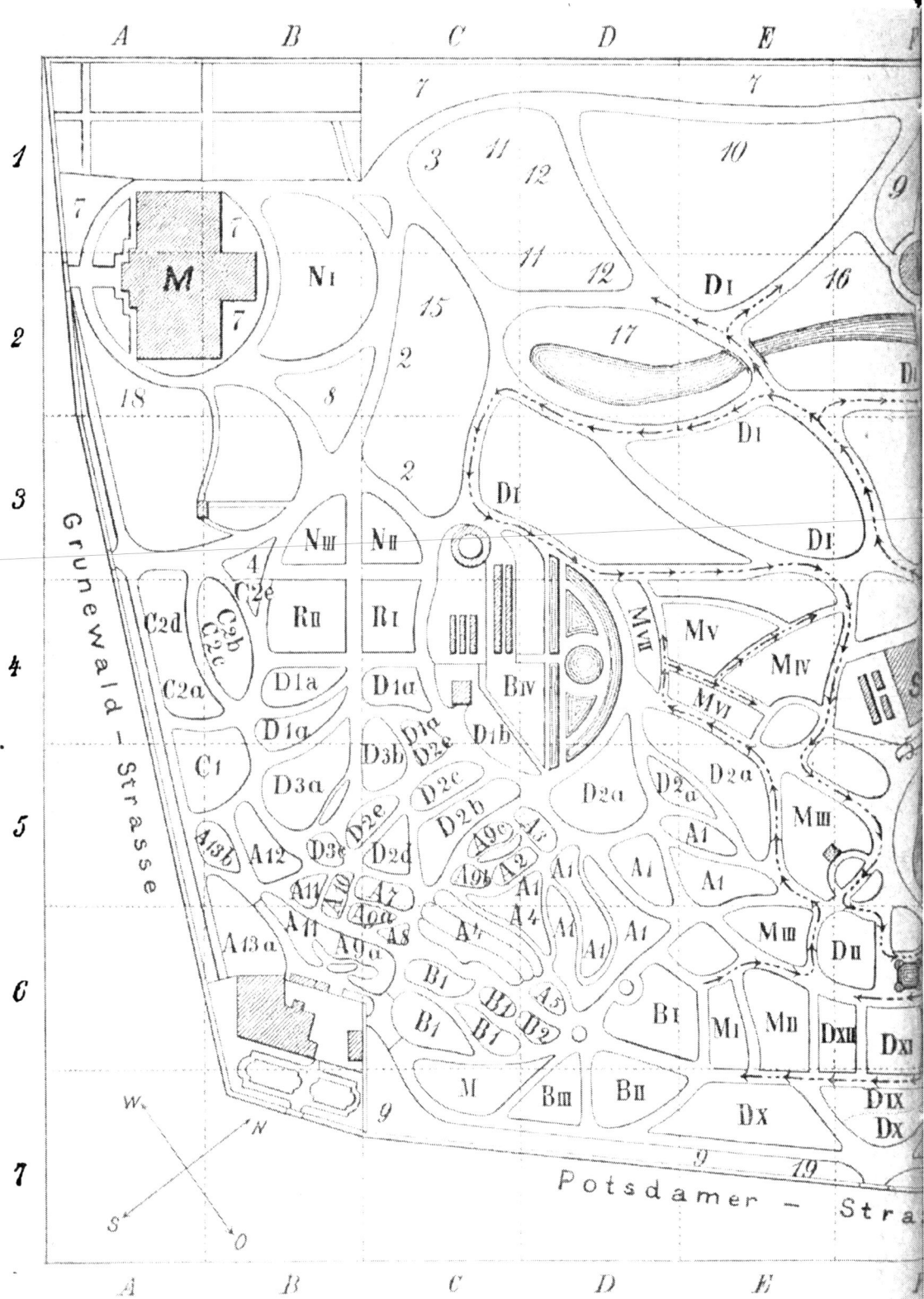

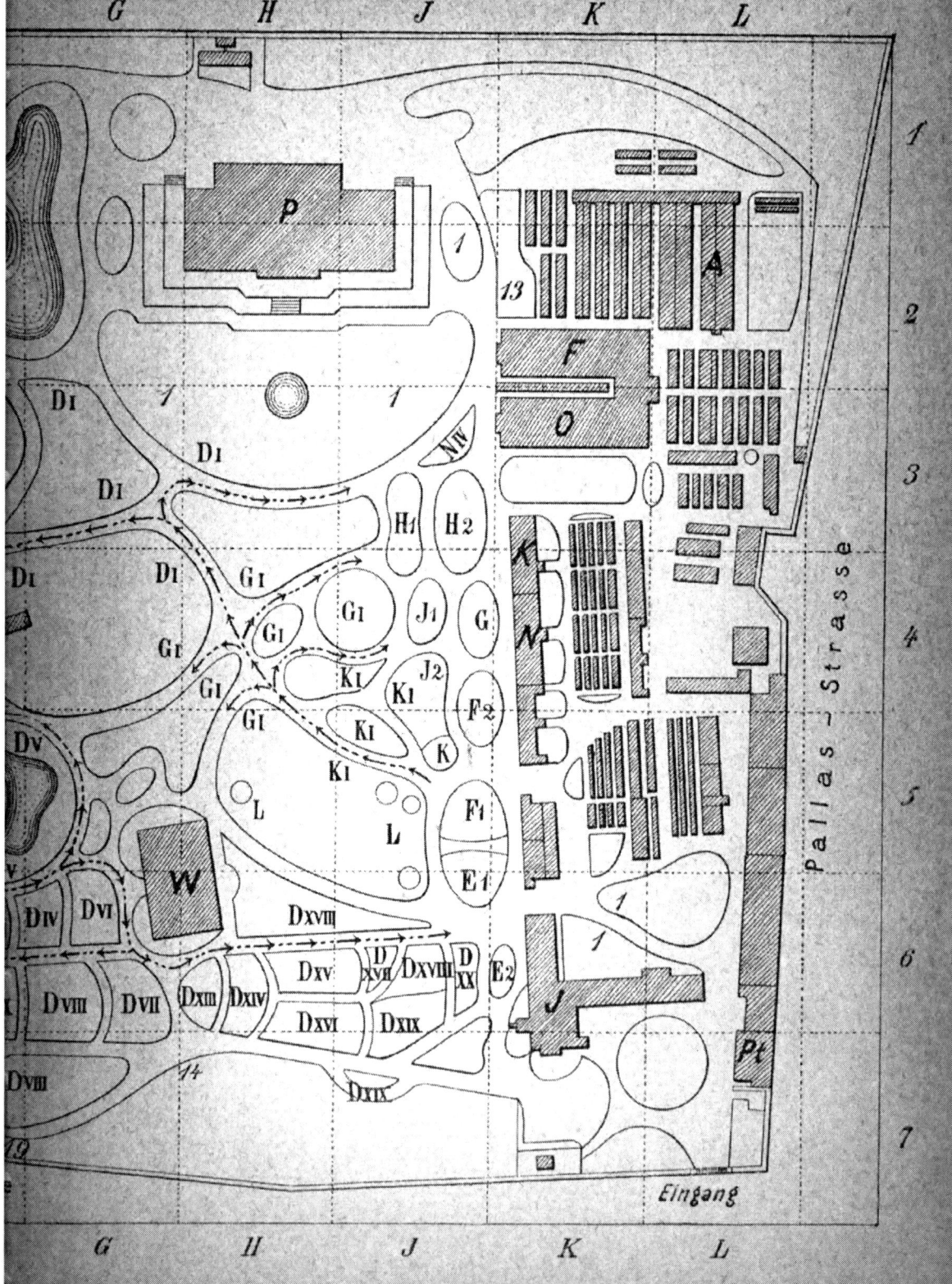

Rundgang

durch den Königlichen

Botanischen Garten

zu Berlin.

Herausgegeben im Auftrage der Direction.

Zweite, durchgesehene Auflage.

Mit einem Plane des Gartens.

Berlin 1895.

Gebrüder Borntraeger

(Ed. Eggers).

CHR

Inhalt.

——

———

Erklärung der Zeichen des Planes.

*1. Grosse, **fettgedruckte** Buchstaben in schräg schraffirten Flächen (Gebäuden).*

A = Araceenhaus
F = Farnhaus
J = Inspectorwohnhaus.
K = Kamellienhaus.
M = Museum.
N = Nutzpflanzenhaus.

O = Orchideenhaus.
P = Palmenhaus.
Pt = Wohnung des Portier.
S = Succulentenhaus.
V = Victoriahaus.
W = Winterhaus.

2. Grosse Buchstaben mit römischen Zahlen.

BI—BIV Biologische Abtheilung.
DI—DXX System der Dicotyledonen.
GI System der Gymnospermen.

KI System der Kryptogamen.
MI—MVII System der Monocotyledonen.
NI—NIV Nutzpflanzenstücke.

RI—RII Reservestücke.

Die unterbrochene Linie giebt die Reihenfolge der einzelnen Quartiere des Systems an.

3. Grosse Buchstaben mit deutschen Zahlen, bisweilen noch kleine Buchstaben hinzutretend (oder ohne Zusatz).

Pflanzengeographische Partien.

A1—A13 Mittel- und Nordeuropa, nebst gemäss. Asien.
B1—B2 Mittelmeergebiet.
C1—C2 Japan.
D1—D3 Nordamerika.
E1—E2 Mexikan. Gruppe u. Cacteen
F1—F2 Cappflanzen.

G Asiatische Gruppe.
H1—H2 Südamerikan. Pflanzen.
J1—J2 Australische Gruppen.
K Neuseeländische Gruppe.
L Solitärpflanzen.
M Abyssinische Gruppe.

Deutsche Zahlen.

Gruppen des Arboretums.

1. Coniferen.
2. Paeonien.
3. Platanen.
4. Berberis.
5. Philadelphus.
6. Deutzien.
7. Prunoideae und Pomariae.
8. Rosen.
9. Magnolien und Leguminosen.
10. Linden.

11. Rosskastanien und Ahorne.
12. Rhamnus und Celastrus.
13. Elaeagnus.
14. Ericaceen.
15. Eschen.
16. Flieder und Forsythia.
17. Liguster.
18. Lycium.
19. Caprifoliaceen.

Einleitung.

Der Königliche botanische Garten zu Berlin ist in erster Linie ein Universitätsinstitut und hat als solches vorzugsweise die Aufgabe, Material für den botanischen Unterricht an der Universität zu liefern und, soweit es in unserem Klima möglich ist, die wichtigsten Formen des Pflanzenreichs zu cultiviren, mögen dieselben dem Menschen irgend welchen Nutzen gewähren, oder auch nur dazu dienen, die Vorstellungen von der Mannigfaltigkeit der Pflanzengestaltung zu vervollständigen. Der botanische Garten ist ferner dazu bestimmt, für wissenschaftliche Untersuchungen schon vorgeschrittener Botaniker Berlins und des preussischen Staates Material zu liefern, soweit dies ohne Schädigung des vorhandenen und zu erhaltenden Pflanzenbestandes geschehen kann.

Entsprechend den allgemeinen Bestrebungen nach Verbreitung wissenschaftlicher Kenntnisse in weiteren Volksschichten, hat man sich in den letzten Jahrzehnten bemüht, die botanischen Gärten so zu gestalten, dass auch der Laie in ihnen Belehrung finden kann. Alle andern Wünsche, welche die Besucher, auch des hiesigen Gartens, nur von dem Verlangen nach Erholung und Bequemlichkeit beseelt, hegen, kommen nur in letzter Linie in Betracht. Die Direction hat sich bemüht, den Garten so umzugestalten, dass derjenige, welcher Belehrung sucht, nicht bloss reiches Material vorfindet, sondern auch durch eine übersichtliche Gruppirung stets auf den Zusammenhang jeder einzelnen Pflanze mit dem ganzen Pflanzenreich hingewiesen wird. Bei der Durchführung dieser bereits im botanischen Garten zu Breslau zur Geltung gebrachten Principien ist sie durch die Beamten des botanischen Gartens bereitwilligst unterstützt worden. Da bei diesen Umgestaltungen mit den vorhandenen räumlichen Verhältnissen und mit den vorhandenen, zu schonenden Bäumen gerechnet werden musste, so konnte keine solche Uebersichtlichkeit erzielt werden, wie bei der Neuanlage eines Gartens.

Die umfassendste, wichtigste Abtheilung des Gartens ist die systematische, welche, soweit es in unserem Klima möglich ist, während der wärmeren Monate des Jahres eine Uebersicht über fast alle, höher stehenden Familien des Pflanzenreichs giebt und einen Ueberblick über die Verwandtschaft der Pflanzen unter einander gewährt. Für diejenigen, welche im botanischen Garten in kurzer Zeit nur die eine oder andere Medicinal- oder Nutzpflanze kennen lernen wollen, dienen die hierfür bestimmten Specialabtheilungen. Hier findet der Laie auch fast durchweg deutsche Namen auf den Etiquetten; das Verlangen vieler Besucher, doch alle Pflanzen mit deutschen Namen zu bezeichnen, ist undurchführbar, da für die allermeisten Pflanzenarten deutsche Namen nicht existiren, und neu gemachte, aber nicht eingebürgerte Namen keinen Werth besitzen.

Wer weniger für die einzelnen Arten, als für die Pflanzengestaltung im Allgemeinen sich interessirt, dem bieten die neu eingerichteten biologisch-morphologischen Abtheilungen reichlich Gelegenheit zur Belehrung und zum Nachdenken über die Gestaltungstriebe der pflanzlichen Organismen. Die umfangreichen pflanzengeographischen Anlagen sind dazu bestimmt, eine annähernde Vorstellung von der Zusammensetzung und dem Habitus der Flora der Länder der gemässigten Zonen zu geben, während die Gewächshäuser, namentlich das Palmenhaus, dem Besucher ein Bild von der Ueppigkeit und Fülle tropischer Vegetation gewährt.

Wer im botanischen Garten wirklich Belehrung sucht, wird sich nicht mit einem flüchtigen Rundgang begnügen, sondern die einzelnen Abtheilungen des Gartens mit Musse wiederholt besichtigen; je vertrauter der Besucher mit dem Garten geworden ist, desto mehr wird er bei wiederholtem Kommen finden, dass die reichen Schätze desselben immer wieder Neues bieten. Und so möge dieses Büchlein dazu beitragen, dass der botanische Garten noch mehr als bisher zum Zwecke der Belehrung besucht wird.

A. Engler.

Bestimmungen

über den Besuch des Königl. botanischen Gartens.

———

§ 1. Der Königliche botanische Garten ist mit Ausnahme der Sonn- und Feiertage **täglich von 7 Uhr Vormittags bis 7 Uhr Nachmittags** (im Winter bis zum Eintritt der Dämmerung) geöffnet. An jedem **zweiten Sonntage** der **Monate April — September** ist der Garten dem Publikum von **2 Uhr** ab geöffnet.

§ 2. **Reisende** können den Garten an **jedem Tage** besichtigen, falls sie sich als solche beim Portier ausweisen.

§ 3. **Kinder unter 14 Jahren** dürfen nur in Begleitung der Eltern oder Lehrer den Garten besuchen. **Kinderwagen** und **Krankenwagen** werden unbedingt nicht zugelassen.

§ 4. Das **Palmenhaus** ist mit Ausnahme der Mittagszeit (12—1½ Uhr) täglich geöffnet. Andere Gewächshäuser werden zeitweise, soweit es angeht, dem Publikum zugänglich gemacht. Der Eintritt in die geschlossenen Gewächshäuser, sowie der Besuch der Alpenpartie ist nur in Begleitung eines der diensthabenden Gärtner gestattet, die beim Portier erfragt werden können.

§ 5. Das Betreten der schmalen Gänge zwischen den Beeten ist nur denjenigen Personen gestattet, welche mit einem besonderen, vom Direktor ausgestellten Erlaubnissschein versehen sind. Dieses Verbot findet auf die Quartiere der Arznei- und Nutzpflanzen keine Anwendung. Das **Betreten der Rasenplätze** ist Niemandem gestattet.

§ 6. Da der Garten zu wissenschaftlichen Aufgaben und zur öffentlichen Belehrung bestimmt ist, so darf derselbe zu keinen andern Zwecken missbraucht werden.

§ 7. **Abpflücken** von Blumen und Zweigen, Aussreissen von Pflanzen, Einsammeln von Samen u. s. w., sowie jede **Beschä-**

digung und **Verunreinigung** der Anlagen, namentlich durch **Hin-werfen von Papieren** u. dergl., ist strengstens untersagt.

§ 8. Botanisirbüchsen, Mappen, Körbe und Kinderspiel-sachen müssen beim Portier abgelegt werden.

§ 9. Hunde dürfen nicht in den Garten mitgebracht werden.

§ 10. Die Besucher des Gartens haben den Weisungen des Gartenpersonals Folge zu leisten.

§ 11. Etwaige Beschwerden können in einem, beim Portier ausliegenden Buche angebracht werden.

§ 12. Dem Gartenpersonal ist untersagt, von den Besuchern des Gartens Geschenke anzunehmen.

I. Die systematische Abtheilung.

In jedem botanischen Garten, welcher der Belehrung dienen soll, ist ein grösserer oder kleinerer Theil des Terrains für das sog. „System" bestimmt. Man versucht in dieser Abtheilung des Gartens eine Darstellung von der Verwandtschaft der natürlichen Gruppen des Pflanzenreichs zu bieten, soweit eine solche unter den jeweiligen klimatischen Verhältnissen möglich ist.

Natürlich kann nur immer eine sehr beschränkte Zahl von Pflanzen Aufnahme im „System" finden; für die Auswahl ist der Punkt von ausschlaggebender Bedeutung, die Pflanzenfamilien*) möglichst vollständig darzustellen und möglichst zahlreiche Gattungen zu wählen; für die Auswahl der Arten waren biologische und morphologische Eigenthümlichkeiten besonders massgebend. Es konnte auch von einer grösseren Artenzahl einer Gattung um so eher Abstand genommen werden, als die ausgedehnten pflanzengeographischen Anlagen zahlreiche Charakterpflanzen enthalten. Als Ergänzung des „Systems" kann das als Park angelegte Arboretum dienen, und es wird daher im Folgenden bei den einzelnen Familien angegeben werden, an welcher Stelle des Gartens sich die Sammlung der zugehörigen Holzgewächse befindet, wenn deren grosse Zahl eine Aufnahme in's „System" nicht gestattete.

---

*) Bekanntlich werden die Pflanzenarten, welche in ihren wesentlichen Merkmalen übereinstimmen, zu Gattungen zusammengefasst. Verwandte Gattungen bilden eine Familie, welche, wenn sie reich differenzirt ist, in Unterfamilien, Tribus und Subtribus zerfällt. Gruppen verwandter Pflanzenfamilien heissen Reihen; diese werden zu Unterklassen, Klassen, Unterabtheilungen und Abtheilungen zusammengefasst. In Bezug auf die Nomenclatur sei bemerkt, dass Familien in der Regel die Endung -aceae, Unterfamilien -oideae, Tribus -eae und Subtribus -inae führen; die Namen der Reihen enden mit -ales.

Jede Pflanzenart des „Systems" besitzt ein Etiquett, welches ausser Gattungs- und Artname auch das Vaterland derselben enthält; auch finden sich häufig ausführliche Erläuterungen bei Pflanzen, welche botanisch oder praktisch Interesse bieten. Ferner findet der Besucher zahlreiche, grosse Orientirungstafeln, welche den Plan eines Beetes oder Quartiers enthalten und vermittelst derer eine Orientirung auf dem betreffenden Beete leicht erfolgen kann, umsomehr als auch die Familien, Unterfamilien und Tribus durch grössere Blechschilder kenntlich gemacht werden. Auf den Orientirungstafeln sind die Grenzen der Familien mit grüner, die der Unterfamilien und Tribus mit rother Farbe wiedergegeben. Familiennamen sind schwarz, Namen für Unterfamilien und Tribus mit rother Farbe geschrieben.

Das Studium der niederen Kryptogamen kann erfolgreich nur mit Hilfe des Mikroskops betrieben werden; und da auch die Cultur vieler hierher gehöriger Formen, namentlich der Moose, mit Schwierigkeiten verbunden ist, so wurde von der Anlage einer Gruppe für Algen, Pilze und Moose Abstand genommen. Doch werden hie und da im Garten an solchen Stellen, wo sich an Baumstämmen oder Baumstümpfen Pilze in grösserer Anzahl entwickelt haben, die Besucher durch Etiquetten auf dieselben aufmerksam gemacht.

A. Die Pteridophyten (Gefässkryptogamen).

Wir beginnen unseren Rundgang an der Hand der in Feld J 5 des Planes anfangenden, durchbrochen gezeichneten Linie und gelangen zunächst zu den Pteridophyten, den **höheren Kryptogamen,** für welche ihren allgemeinen Lebensbedingungen zufolge ein schattiger, feuchter Platz des Gartens gewählt werden musste. Orientirungstafel K I giebt uns Aufschluss über die Anordnung der farnartigen Gewächse, Schachtelhalme und Bärlappe.

Die echten **Farne** umschliessen eine Anzahl Familien, welche vorzugsweise — einzelne ausschliesslich — in den Tropen und den subtropischen Ländern heimisch sind; sie bewohnen aber auch die gemässigten Striche, und einzelne Arten dringen bis in's arktische Gebiet ein und steigen hoch in unseren Hochgebirgen hinauf. Auf der Unterseite der zierlich zerschlitzten Wedel sitzen, meist von einem dünnen Häutchen überdeckt, Gruppen von Sporangien, d. h. Kapseln mit Sporen, vermittelst welcher sich die Farne vermehren. In den ge-

mässigten Strichen von kleinen Dimensionen, entwickeln sich
die Farne in den Tropen zu baumartigen Formen („**Baumfarne**"),
die an Gestalt, Grösse und Schönheit mit den Palmen con-
curriren können. Die Familie der *Cyatheaceae* ist hier durch
solche Formen (*Dicksonia antarctica, Cyathea mexicana, Alsophila
australis*) vertreten; auch die *Marattiaceae* und einzelne *Osmundaceae* erreichen eine ansehnliche Grösse. Zu letzteren gehört
Todea barbara (Capland bis Australien); der unförmliche, kurze
Stamm, welcher oberwärts hier und da auf Wülsten Blatt-
büschel trägt, ist bei unserem stärksten Exemplar $1^1/_4$ m hoch
bei einem Durchmesser von $3^1/_4$ m; sein Alter kann man auf
mehrere 1000 Jahre schätzen.

Die meisten unserer einheimischen Farne gehören der
Familie der *Polypodiaceae* an, so die Gattungen: *Pteridium*
(Adlerfarn), *Pteris, Adiantum, Aspidium* (Schildfarn), *Asplenum*
(Streifenfarn), *Polypodium* (Tüpfelfarn), *Struthiopteris*
(Straussfarn) u. a. *Osmunda regalis* (Königsfarn) ist die
typische Gattung der *Osmundaceae*, ausgezeichnet dadurch, dass
die oberen Abschnitte des doppelt gefiederten Blattes nur
Sporangien, aber keine Blattspreite mehr entwickeln, so dass
ein Blatt in diesem Stadium habituell nicht unähnlich sieht
einem Sprosse, welcher oberwärts einen rispigen Blüthenstand
kleiner, unscheinbarer Blüthen trägt. Die *Hymenophyllaceae*
Hautfarne, sind kleine, oft lebermoosartige Farne, welche
im System an der untersten Grenze der Gefässkryptogamen
stehen; bei ihrem überaus zarten Bau ist es erklärlich, dass
sie nur in ganz feuchter Luft gedeihen; in der Gruppe können
sie nur in einem geschlossenen Glaskasten gehalten werden, wo
die Gefahr der Vertrocknung ausgeschlossen ist. Interessant
ist das isolirte Vorkommen von *Hymenophyllum tunbridgense* im
Uttewalder Grund in der Sächsischen Schweiz.

Die übrigen Familien der Gefässkryptogamen sind hier
nur mit wenigen Arten vertreten, so die Gattungen *Marsilia*
(Kleefarn), *Salvinia* (Schwimmblatt) und *Azolla*, welche theils
im Sumpfboden, theils schwimmend auf dem Wasser leben.
Die vegetative Vermehrung der *Azolla caroliniana* ist eine so
schnelle, dass selbst grössere Wasserflächen in kurzer Zeit von
den einzelnen Individuen überzogen werden. *Isoëtes*, Brachsen-
kraut, bildet grasähnliche Pflanzen auf dem Grunde von
Teichen oder Seen, *Selaginella* lockere oder dichtere Rasen, oft
von moosartigem Habitus; von den etwa 350 Arten der letzteren
Gattung sind einzelne beliebte Topfpflanzen, auch werden sie
zur Bildung von künstlichem Rasen in Gewächshäusern verwendet.

In der jetzigen Erdperiode sind die Pteridophyten und namentlich die *Equisetaceae* (**Schachtelhalme**) und *Lycopodiaceae* (**Bärlappe**) nur in Formen von sehr bescheidenen Dimensionen entwickelt; in früheren Erdperioden aber erreichten ihre Verwandten bedeutendere Grössenverhältnisse, so die *Calamites-*, *Lepidodendron-* und *Sigillaria-*Arten der Kohlenformation; sie lieferten neben Farnen das Hauptmaterial zur Bildung der Steinkohle, während die geologisch viel jüngere Braunkohle vorzugsweise aus Stämmen von Nadelhölzern entstand, die mit unseren Cypressen verwandt sind.

B. Gymnospermae (nacktsamige Pflanzen).

Wir wenden uns hier zunächst an die Orientirungstafel G I, die uns über die Vertheilung der einzelnen Familien, Tribus und Subtribus Aufschluss giebt.

Die Familie der *Cycadaceae* umfasst Pflanzen der Tropen, welche fast sämmtlich auch den Sommer über im Freien bei uns nicht gedeihen würden und daher dauernd im Gewächshause (Palmenhaus) bleiben; nur wenige Arten kann man im Schatten während der warmen Jahreszeit in's Freie bringen, so *Cycas* selbst. Habituell gleicht *Cycas* gewissen Fiederpalmen, und die Blätter derselben finden auch als „Palmwedel" bei Begräbnissen Verwendung. — Auch die *Gnetaceae* bestehen zumeist aus tropischen Formen; die Gattung *Ephedra*, Meerträubel, repräsentirt hier die Familie. Die ruthenförmigen Aeste mit den kleinen, schuppenförmigen Blättern deuten darauf hin, dass die Arten Bewohner trockner Gebiete sind (Sibirien, Nordafrika, Kalifornien bis Chile); eine Art *E. vulgaris* findet sich auch in Südeuropa und Ungarn.

Die Klasse der Coniferae führt den deutschen Namen „**Nadelhölzer**". Wie wenig durchgreifend diese Bezeichnung ist, lehrt der blosse Anblick gewisser *Taxaceae*. *Podocarpus* besitzt Blätter von lanzettlichem bis elliptischem Umriss, und bei *Gingko biloba* (China) finden wir lederartige, keilförmige, vorn 2-lappige, strahlnervige Blätter. Der Baum trägt Früchte nur im südlichen Deutschland und jenseits der Alpen, aber nicht mehr bei uns.

Neben rauchfreier Luft verlangen die *Coniferen* im Allgemeinen einen gewissen Procentsatz von Feuchtigkeit in der Atmosphäre, und daraus erklärt es sich, dass im Nordwesten Deutschlands, der ja noch unter dem Einflusse des maritimen Klimas steht, zahlreichere Arten besser gedeihen als bei uns;

aber selbst in Berlin finden noch manche Arten ihr gedeibliches Fortkommen, die im continentalen Süddeutschland nicht mehr ausdauern.

Unter den *Taxaceae* verdient der Eibenbaum, *Taxus baccata*, Erwähnung, habituell manchen Tannen ähnlich, aber mit spitzen Nadeln versehen; der hierher gehörige *Gingko* wurde schon oben erwähnt: die Arten von *Phyllocladus* tragen blattartige Zweige, sog. Phyllocladien.

Die *Araucariaceae-Abietineae* zerfallen in 3 Subtribus, deren erste, die *Araucariinae*, die Länder der südlichen Hemisphäre von den malayischen Inseln bis Südamerika bewohnen und hier durch Arten der stattlichen *Agathis* (Kauri-Fichte) und *Araucaria* (Araucarie) vertreten sind. Weit bekannter sind uns die Angehörigen der zweiten Subtribus, der *Abietinae*. Diese bewohnen sämmtlich die nördliche gemässigte Zone, überschreiten nordwärts den Polarkreis nur wenig, und mit Ausnahme der Gattung *Pinus*, von der einzelne Arten Gebirgswälder in Mexiko und im malayischen Gebiete bilden, treten sie nirgends in die tropischen Gebiete ein. Welche Rolle die duftenden Nadelwälder für das Vegetationsbild der Landschaft spielen, ist wohl bekannt; in den Gebirgen bilden sie eine charakteristische Zone unterhalb der subalpinen Region, über der Laubwaldzone, und polwärts bilden sie die letzte Baumvegetation.

Den *Araucariinae* zunächst liegt die Sammlung der *Pinus*-Arten, der Kiefern, deren lange Nadeln büschelweise angeordnet stehen. Die bekannteste Art der Gattung, *P. silvestris*, bildet in der Umgegend von Berlin ausschliesslich die Nadelwälder. Die Cedern, *Cedrus*, deren bekannteste als Libanon-Ceder Berühmtheit erlangt hat, und die Lärchen, *Larix*, besitzen gleichfalls Nadeln an Kurztrieben; die Nadeln der ersteren sind immergrün, die Lärchen und die ihnen nächst verwandte *Pseudolarix Kaempferi* werfen im Winter die Nadeln ab. Die Fichten, *Picea*, und Tannen, *Abies*, sind immergrün, die ersteren mit vierkantigen Nadeln, die Tannen mit flachen Nadeln versehen; Arten beider Gattungen liefern uns die Weihnachtsbäume. Die *Tsuga* und *Pseudotsuga*, gleichsam zwischen Fichte und Tanne stehend, umfassen wenige Arten Nordamerikas und des östlichen Asiens. Die dritte Subtribus, die *Taxodiinae*, ist vorzugsweise im extratropischen Ostasien und in Nordamerika entwickelt. Die Schirmtanne Japans, *Sciadopitys verticillata*, bleibt bei uns ein gegen Winterkälte sehr empfindlicher Baum, wie die verwandte *Cryptomeria japonica*, die japanische Ceder, dagegen besitzt der Berliner Garten Prachtexemplare von *Taxodium distichum*, der virginischen Sumpfcypresse (östl. Nordamerika), deren stärkstes Exemplar vorn am Eingang in der Coniferengruppe (in K 6) steht; die Pflanze wirft im Herbst die Blattzweige ab. Hier im System finden sich nur kleine Exemplare der Gattung *Sequoia*, des Mammuthbaumes und Red wood der Amerikaner, der durch seinen kegelförmigen Stamm von beträchtlichem Durchmesser und seine 100 m übersteigende Höhe Berühmtheit erlangt hat, dagegen stehen als Solitärpflanzen auf dem Rasen vor dem Palmenhause (H 3) zwei grössere Exemplare, die allerdings im strengen Winter 1890/91 stark gelitten haben.

Die *Araucariaceae-Cupressineae* sind Nadelhölzer vom Habitus der Cypressen oder Lebensbäume. Wir bemerken unter den *Actinostrobinae Callitris*, *Actinostrobus*, *Fitzroya*, unter den *Thujopsidinae Libocedrus*, *Thujopsis* und *Thuja*, den Lebensbaum, selbst. Die *Cupressinae*, gebildet von der Gattung *Cupressus*, Cypresse, und die *Juniperinae*, begründet auf *Juniperus*, Wachholder, sind zwei fernere Subtribus dieser Gruppe. — Viele Arten der *Cupressineae* besitzen in der Jugend Blattformen, welche wesentlich von den später gebildeten abweichen, oft nadelförmig sind, während die später erscheinenden eine schuppenförmige Gestalt besitzen. Pflanzen, welche durch Ableger aus solchen Jugendformen erzogen wurden, behalten die ursprüngliche Blattform dauernd bei. Solche Formen wurden früher grösstentheils als Gattung *Retinispora* zusammengefasst; sie sind also nichts anderes als Jugendformen von Arten mehrerer *Cupressineae*-Gattungen.

C. Angiospermae-Dicotyledoneae-Archichlamydeae.

Bei unserer Wanderung müssten wir zunächst nun die Monocotyledonen betrachten. Es hat sich jedoch bei der Umlegung des „Systems" aus gegebenen Verhältnissen in einem schon längst bepflanzten Garten ohne Gefahr für den vorhandenen Baumbestand nicht ermöglichen lassen, diese Unterklasse direct an die *Gymnospermae* anzuschliessen; und es konnte davon auch deshalb Abstand genommen werden, weil beide Unterklassen, die *Monocotyledoneae* und *Dicotyledoneae*, nach unseren jetzigen Kenntnissen zwei gleichwerthige Entwicklungsreihen vorstellen. Wir werden daher bei unserem Rundgang zunächst die *Dicotyledoneae* finden und sodann erst die *Monocotyledoneae* folgen lassen.

Wir stossen zunächst auf eine grössere Anzahl Familien der *Dicotyledoneae* (Orientirungstafel D I), welche sich vorzugsweise aus baumartigen Vertretern zusammensetzen; ihnen gehen, gegenüber den Tannen untergebracht, die 3 kleinen Familien der *Saururaceae*, **Piperaceae** und *Chloranthaceae* noch voraus. Die *Piperaceae*, pfefferartige Gewächse, und *Chloranthaceae* sind bei uns nur im Sommer im Freien zu cultiviren, und erstere gelangen auch dann wohl kaum zur Blüthe; wir werden aber Vertreter derselben (Pfeffer) im Gewächshaus für tropische Nutzpflanzen kennen lernen. Daran schliessen sich im System die *Casuarinaceae* an, deren einzige Gattung *Casuarina*, in der äusseren Tracht an die *Ephedra*-Arten erinnernd, Australien, Neu-Caledonien, Timor, Ostindien und die malagassischen Inseln bewohnt. *C. equisetifolia* wird wegen ihres harten Holzes angebaut. Die Gattung bietet besonderes Interesse durch den eigenartigen, als *Chalazogamie* bezeichneten Befruchtungsvorgang, welchen sie mit den *Betulaceen* theilt.

Es folgen dann, nachdem wir die scharfe Wendung nach links gemacht haben, zu beiden Seiten des Weges die **Fagaceae**, vertreten durch *Fagus*, Buche, *Quercus*, Eiche, und *Castanea*, edle Kastanie.

Die Buchen lieben ein feuchtes Klima, daher denn auch die Verbreitung unserer Rothbuche, *Fagus silvatica*, in Mitteleuropa ostwärts eine Linie Königsberg-Donaumündung kaum überschreitet. Die Buchen sind Bewohner der nördlichen gemässigten Zone, ebenso wie die Arten von *Castanea*, die jedoch den Wendekreis südwärts überschreiten. Jenseits des 50° reift die Edelkastanie ihre Früchte nicht mehr. Ihr Vorkommen in Südwestdeutschland leitet sich von altem Anbau ab, auch bei uns ist sie der Gefahr des Erfrierens leicht ausgesetzt.

Die Eichen, *Quercus*, bilden eine Gattung von etwa 200 Arten, die vornehmlich in Nordamerika, Europa und Westasien auftreten.

Hier, wie übrigens auch anderwärts im „System", finden sich unter den Angehörigen der betreffenden Familie auch Bäume aus andern Verwandtschaftskreisen angepflanzt. Dieselben waren, als die Umlegung der systematischen Abtheilung vorgenommen wurde, an ihrem jetzigen Platze schon vorhanden und befanden sich in einem Entwicklungsstadium, welches ein Verpflanzen derselben ohne Schädigung als unmöglich erscheinen liess. Diese sind mit besonderen, grün umrandeten Etiketten versehen. Unter den *Fagaceae* finden wir von solchen Bäumen die sonst seltene *Parrotia persica* (*Hamamelidaceae*).

Wir wenden uns am nächsten Querwege nach rechts zu den **Ulmaceae**, vertreten durch *Ulmus*, Rüster, und *Celtis*, Zürgelbaum, beide Gattungen in der nördlichen gemässigten Zone vorkommend, letztere auch bis in die Tropen vordringend. Von hier aus machen wir einen Abstecher längs der punktirt gezeichneten Abzweigung nach rechts zu den **Betulaceae**. Die Tribus der *Coryleae*, Haselnussgewächse, wird repräsentirt durch den Haselnussstrauch, *Corylus*, die Hopfenbuche, *Ostrya*, und die Hain- oder Weissbuche, *Carpinus Betulus*, deren Blätter eine entfernte Aehnlichkeit mit Rüsterblättern besitzen. Ihnen gegenüber liegt ein Quartier, welches in den Gattungen *Betula*, Birke, und *Alnus*, Erle, Vertreter der Tribus der *Betuleae* enthält. Hier findet sich ein Prachtexemplar von *Betula papyracea*.

Wir kehren nunmehr zu den *Ulmaceae* zurück und überschreiten, indem wir die ursprüngliche Richtung unserer Wanderung wieder aufnehmen, den Teich. Nachdem wir die kleine Brücke passirt haben, tritt uns die Sammlung der **Juglandaceae, Wallnussgewächse**, entgegen, an welche sich rechts die kleine Familie der *Myricaceae* anschliesst, während links von den *Juglandaceae* eine Topfgruppe mit **Proteaceae** sich befindet.

Die *Juglandaceae*, vertreten durch *Juglans regia*, Wallnussbaum, von Griechenland ostwärts bis zum östlichen Himalaya heimisch, *Pterocarya* und die nordamerikanischen *Carya*-Arten, werden als holzliefernde Pflanzen und ihrer essbaren Früchte wegen allgemein cultivirt; unter den *Myricaceae* fällt *Myrica asplenifolia* (atlant. Nordamerika) durch die zierliche Belaubung auf und empfiehlt sich zur Cultur in unseren Parkanlagen in grösserer Ausdehnung als es bisher geschieht.

Die *Proteaceae* mit ihren eigenthümlichen Blättern und bisweilen kopfgrossen Blüthenständen sind hier nur schwach vertreten; sie bewohnen vorzugsweise subtropische Gebiete, in denen ein regelmässiger Wechsel einer trockenen und feuchten Jahreszeit stattfindet; ihre Hauptverbreitung liegt in Australien (fast 600 Arten) und im Capland (über 260 Arten).

Abermals wenden wir uns zurück zu den *Ulmaceae* und schlagen nunmehr den ersten Querweg nach rechts ein, um zu beiden Seiten des Weges sofort Vertreter der **Urticaceae** und **Moraceae** zu finden. Beide Familien sind vorzugsweise tropisch und daher hier nur durch wenige Gattungen vertreten (*Urtica*, Nessel, *Boehmeria*, Ramiepflanze — *Morus*, Maulbeerbaum, besonders *M. alba* und *M. nigra*, die beide in ihren

Blättern die Hauptnahrung für die Seidenraupen liefern. *Ficus Carica*, der im Mittelmeergebiet heimische Feigenbaum. *Maclura aurantiaca*, *Broussonetia papyrifera*, Papiermaulbeerbaum, *Cannabis*, Hanf, *Humulus*, Hopfen).

Es folgen im System eine Anzahl Familien (*Balanophoraceae*, *Rafflesiaceae*), welche als Parasiten in den Tropen verbreitet sind und bisher nicht cultivirt werden konnten; auch die *Loranthaceae*, welche in unserer Flora durch *Viscum*, Mistel, vertreten werden, fehlen zur Zeit unserem Garten. Desgleichen befinden sich Vertreter der *Santalaceae* nur in den Gewächshäusern. Dagegen konnten die *Aristolochiaceae*, deren Blüthen so interessante Bestäubungsverhältnisse aufweisen, hier durch *Asarum*, Haselwurz, und *Aristolochia* dargestellt werden; sie finden sich links am Wege angepflanzt, *A. Clematitis* als Staude mit kriechendem Grundstock, *A. Sipho* als hoch kletternde Liane. Wir umschreiten jetzt ein grosses Terrain, das mit zahlreichen Arten der Gattung *Salix*, Weide, und *Populus*, Pappel, die Familie der **Salicaceae** repräsentirt. Als mächtige Bäume oder weitverzweigte Sträucher treten sie uns hier entgegen, und in der pflanzengeographischen Anlage werden wir noch den Typus der Gletscher- oder Polarweiden, welche kriechende, niedrige Holzgewächse darstellen, näher kennen lernen. Ihre Kätzchen sind stets eingeschlechtlich, die beiden Geschlechter auf verschiedene Individuen vertheilt. Der reichlich abgesonderte Honig in den Blüthen lockt im zeitigen Frühjahr, wo noch wenige andere Pflanzen ihre Blüthen entfalten, die Insekten an, und durch Vermittlung derselben entstehen zahlreiche Bastarde, die also durch Befruchtung zweier verschiedener Arten hervorgehen. Die unförmlichen Auswüchse an den Stämmen, Zweigen und Blättern, welche hier gerade unsere Sammlung stark schädigen, sind sog. Gallen und entstehen unter dem Einflusse von thierischen Angriffen auf die Pflanze.

Unter den Weiden, schmarotzend auf den Wurzeln derselben, findet sich die seltene *Lathraea clandestina* (westl. Europa), eine mit unserer Schuppenwurz (*L. Squamaria*) verwandte Art. Der ganze Stamm mit seinen fleischigen Blättern bleibt dauernd unterirdisch; während bei unserer Schuppenwurz im Frühjahr der rosarothe Spross mit den sitzenden Blüthen über die Erde tritt, kommen bei *L. clandestina* nur die lang gestielten Blüthen von violetter bis rother Färbung zahlreich hervor. Nach der Blüthezeit (April, Mai) ist von der Pflanze nichts mehr zu sehen.

Um zu den nun folgenden Familien zu gelangen, wenden wir uns am nächsten Querwege nach rechts, die *Liliaceae* rechts liegen lassend, vorbei an dem Denkmal ALEXANDER BRAUN's (E 5) zu Orientirungstafel D II. Dieselbe giebt uns Aufschluss über die Gruppirung der Familien und Gruppen der **Polygonaceae** und der Reihe der *Centrospermae*. Auf diesem Quartier verdienen Beachtung die *Polygonum*-Arten, besonders die als Futterpflanzen neuerdings empfohlenen *P. sachalinense* und *P. cuspidatum*, die ornamentalen Rhabarber, *Rheum*-Arten und die derselben Familie angehörige *Mühlenbeckia platyclada* mit blattartigen Stengeln. Unter den *Amarantaceae* (*Celosia cristata*, Hahnenkamm), *Nyctaginaceae* (*Mirabilis*, Wunderblume), *Portulacaceae* (*Portulaca*), *Aizoaceae* (*Mesembrianthemum*) und **Caryophyllaceae** (*Lychnis*, Lichtnelke, brennende Liebe, *Viscaria*, Pechnelke, *Dianthus*, Nelke, *Cerastium tomentosum*, wolliges Hornkraut) finden wir manche beliebte Zierpflanze wieder. *Phytolacca* (*Phytolaccaceae*), bei uns nur krautig, erlangt schon im Mittelmeergebiet baumartigen Habitus; sie empfehlen sich als decorative Blattpflanzen, wie das Zierbeet (in G 1/2) am Palmenhause zeigt. Die **Chenopodiaceae** sind meist Ruderalpflanzen oder Bewohner trockener Gebiete und bevorzugen Salzboden.

Zwischen dem nächsten grösseren, mit Stauden und einigen Holzgewächsen bepflanzten Beete und den von den *Centrospermae* besetzten Quartiere liegen ein grösseres Wasserbassin und ein Rasenplatz, auf dem Bäume und Sträucher ihren Platz finden (Orientirungstafel D III).

Das Wasserbassin ist für die **Seerosen**, **Nymphaeaceae**, bestimmt. Von dieser Familie finden sich hier nur Arten Mitteleuropas und Amerikas; die Formen wärmerer Gebiete finden wir im Victoria-Hause (V in F 2). In dem einen kleineren Abschnitte des Bassins schwimmt im Wasser *Ceratophyllum* als Vertreter der *Ceratophyllaceae*. Links von den *Nymphaeaceae* liegt das Quartier für die **Magnoliaceae, Magnoliengewächse**, eine Familie prächtiger tropischer Bäume mit grossen, augenfälligen, theils vor, theils mit der Entfaltung der Blätter sich entwickelnden Blüthen. Nur in Ostasien und im atlantischen Nordamerika geht die Familie in gemässigte Gebiete, und diese Arten sind für unsere Parkanlagen herrliche Zierden geworden (*Magnolia*, *Liriodendron*, Tulpenbaum, mit vorn eigenthümlich ausgerandeten Blättern). Weitere Arten bei 9 in F 1 des Planes.

Die am Rande befindlichen kleinen Bassins enthalten Re-

präsentanten der **Droseraceae, Sonnenthaugewächse** („fleisch-
fressende" Pflanzen) und **Sarraceniaceae** (mit schlauchförmigen
Blättern), die in nicht so engem Verwandtschaftsverhältniss
zu den genannten Familien stehen, aber der gegebenen Verhältnisse wegen hier untergebracht wurden. Ihre eigenthümlichen biologischen Verhältnisse erläutern die ausführlichen
Etiquetten.

In engeren verwandtschaftlichen Beziehungen zu den *Magno-
liaceae* stehen aber die **Ranunculaceae, Ranunkelgewächse,
Berberidaceae,** *Lardizabalaceae, Menispermaceae, Lauraceae, Monimiaceae* und **Calycanthaceae,** von denen namentlich die zuerst
genannte Familie durch zahlreiche Arten vertreten wird. Die
Hauptmenge der *Ranunculaceae* sind perenirende Stauden, doch
kommen auch Sträucher vor (*Xanthorrhiza*); auch die *Paeonia*-
Arten, Pfingstrosen, von denen sich einzelne (mit *Helleborus*-
Arten) am Rande der in C 2/3 liegenden Partie 2 des
Arboretums befinden, sind halbstrauchig. *Eranthis hiemalis* öffnet
im zeitigsten Frühjahre seine gelben Blüthen, und das Kraut
stirbt bald darauf völlig ab; ähnlich verhalten sich auch manche
Anemonen, *Helleborus,* Nieswurz und *Isopyrum,* während
Delphinium, Rittersporn, *Aconitum,* Eisenhut, und *Ranunculus,*
Hahnenfuss, hier fast bis in den Herbst hinein ihre Blüthen
entwickeln. Aus den anderen Familien machen wir aufmerksam auf *Calycanthus floridus* (östl. Nordamerika) mit den stark
ananasartig riechenden, dunkelrothbraunen Blüthen (im Mai),
auf die kletternden *Menispermum*-Arten und die hier vorhandenen
Arten der *Monimiaceae* und der **Lauraceae, Lorbeergewächse,**
deren Blätter zahlreiche Oelzellen besitzen, die ihnen den
aromatischen Geruch verleihen. *Sassafras officinale* aus dem östl.
Nordamerika ist eine durch die Vielgestaltigkeit der Blätter
bemerkenswerthe *Lauracee.*

Auf dem nächsten Quartier, durch Orientirungstafel D IV
erläutert, fehlen Holzgewächse vollkommen; es ist für die Reihe
der *Rhoeadinae* (Familien: **Cruciferae, Schotengewächse, Papaveraceae, Mohngewächse,** *Capparidaceae, Resedaceae*) bestimmt.
In noch ausgedehnterer Weise als bei den *Ranunculaceae* überwiegen hier in gewissen Gruppen zeitige Frühjahrsblüher, und
daher stehen ganze Reihen von Feldern im Sommer leer, auf
denen im Frühjahr reicher Blumenflor sich entwickelt hatte.
Wir finden unter den *Cruciferae* und *Papaveraceae* einige Zierpflanzen, dann aber reichlich Nutzpflanzen, welche wir auf
dem Nutzpflanzenstück als Gemüse- oder Oelgewächse wieder-
treffen werden. Die *Resedaceae* mit unregelmässigen Blüthen

und die *Capparidaceae* mit stielförmiger Verlängerung der Achse innerhalb der Blüthe verdienen morphologisches Interesse.

Im System folgen nunmehr eine Gruppe von unter einander verwandten Familien, die sich um die reich gegliederten *Saxifragaceae* gruppiren, und von welchen im Garten die *Hamamelidaceae, Platanaceae, Pittosporaceae* und *Crassulaceae* vertreten sind. Sie wurden an den Abhängen des zu unserer Linken befindlichen Teiches angepflanzt. Hierzu gehört Orientirungstafel D V.

Die durch ihre fetten Blätter ausgezeichneten **Crassulaceae** sind mit *Sedum*, Fetthenne, Mauerpfeffer, und *Sempervivum*-Arten, Hauswurz, in unserer Flora vertreten und nehmen an der Zusammensetzung der Alpenflora regen Antheil; die Familie als solche ist namentlich reich in Südafrika entwickelt, ein zweites Verbreitungscentrum liegt in Mexiko, woher die als Zimmerpflanzen stammenden „Echeverien" (*Cotyledon*-Arten) eingeführt wurden. In der Cappflanzengruppe und der mexikanischen Gruppe finden sich weitere Vertreter. Die *Platanaceae* sind gegenüber den *Crassulaceae* nur in jungen Exemplaren angepflanzt; ältere, schöne Individuen, welche die eigenthümlich sich abblätternde Rinde zeigen, stehen am Fusse der geographischen Anlage (D 6) und in der Nähe der Ahorn-Arten im Arboretum (3 in C 1).

Unter den **Saxifragaceae, Steinbrechgewächsen,** stehen in der Unterfamilie der *Ribesioideae* und *Hydrangeoideae* zahlreiche Sträucher (Ribes, Stachelbeere, Johannisbeere, *Philadelphus*, Pfeifenstrauch), die als Nutz- und Zierpflanzen eine weite Verbreitung erlangt haben. Sie sind an der Ostseite des Succulenten-Hauses (5 und 6 in F 4), sowie am östlichen Rande des Reservestückes (B/C 4) angepflanzt; auch besteht die Rabatte am Palmenhause z. Th. aus *Hydrangea Hortensia*, der bekannten Hortensie der Gärten. Die *Saxifragoideae* enthalten die *Astilbe*-Arten, welche unter dem Namen „Spiraea" als Topfpflanzen gern cultivirt werden. Die ornamentale *Rodgersia podophylla* (China, Japan) gehört hierher, sowie die im zeitigen Frühjahre ihre rosarothen Blüthen öffnenden *Bergenia*-Arten mit grossen, fleischigen Blättern. Die *Saxifraga*-Arten (Steinbrech) selbst, die im arktischen Gebiete, in den Hochgebirgen der nördlichen gemässigten Zone und in den Anden Südamerikas, zumeist als Felsenpflanzen, bestimmte Höhenregionen bewohnen, finden hier auf einem Hügel ihr gutes Fortkommen. Das schöne *Peltiphyllum peltatum* (Cascadengebirge) besitzt schildförmige Blätter und einen

meterhohen Schaft und empfiehlt sich als decorative Solitär-
pflanze für Parkanlagen, verlangt aber feuchten Untergrund.

Die *Saxifragaceae* führen uns ihrer natürlichen Verwandtschaft zufolge hinüber zu den **Rosaceae**; insbesondere ist es
die Unterfamilie der *Spiraeoideae*, welche diesen Uebergang ver-
mittelt. Orientirungstafeln D VI und D VII zeigen, dass die
Rosaceae mit der Unterfamilie der *Rosoideae* zwischen den *Cruciferae* und dem Winterhause untergebracht wurden, die *Spiraeoideae* links auf den beiden kleinen, runden Beeten (in G 5
des Planes) gegen die *Saxifragaceae* zu, die Unterfamilien der
Pomariae und **Prunoideae** rechts, getrennt durch den breiten
Weg, am Anfang des unteren Stückes in G 6 des Planes.
Als Ergänzung sei hingewiesen auf die Sortimente 7 des Arboretums in A—B 1/2 und C—G 1 des Planes, wo auch ältere
Bäume stehen. Eine grössere Sammlung *Spiraea*-Arten umgiebt
im Bogen die Familie der *Platanaceae*; weitere Rosen befinden
sich in der Nähe des Museums (8 in B 2). Die *Rosaceae* sind
über die nördliche gemässigte Zone bis in's arktische Gebiet
hinein verbreitet, finden sich als Bewohner der Ebene, betheiligen sich aber auch an der Zusammensetzung der Hochgebirgsfloren; sie gehen längs der Anden Südamerikas bis in's
Feuerland, einzelne Gattungen dringen bis in die Gebirge der
Tropen ein, und unter den *Sanguisorbeae* giebt es Gattungen,
deren Entwicklung auf der südlichen Halbkugel liegt.

Wir begegnen bei dieser Familie zahlreichen Zierstauden
und Ziersträuchern, aber auch vielen Obst liefernden Pflanzen,
deren Früchte als **Steinobst** (*Prunoideae*) und **Kernobst** (*Pomariae*)
hinlänglich bekannt sind. Die den Steinfrüchten gleich gebauten
Früchtchen der Himbeeren und Brombeeren (*Rubus*), welche
die traubige, beerenähnliche Frucht bilden, sind verschieden
von der Erdbeere, deren fleischig gewordene Blüthenachse wir
geniessen, während die harten, der Oberfläche aufsitzenden
Früchtchen für den Genuss belanglos sind.

Von morphologischen Eigenthümlichkeiten machen wir
auf die Stachelbildungen (*Rosa*, *Rubus*, Himbeere, Brombeere) aufmerksam, auf das Auftreten von Ausläufern, welche
für die Pflanze ein vorzügliches Verbreitungsmittel gewähren,
ihr in gewissem Sinne ein Wandervermögen verleihen. Die
Potentilla- (Fingerkraut) und *Fragaria*- (Erdbeere) Arten
zeigen, wie rasch kleinere Flächen von einem Stock überzogen
werden können; darin beruht auch die Schwierigkeit, ein Ver-
mengen verschiedener Arten in botanischen Gärten zu verhindern. Die *Rosaceae* bieten auch instructive Beispiele, in

welcher Weise die Blüthenachse von tellerförmiger oder becher-
förmiger Form (*Potentilla*, *Prunus*) zu flaschenförmiger Gestalt
allmählich übergeht (*Rosa*) und schliesslich einen unterständigen
Fruchtknoten bildet (*Pomariae*).

An die *Rosaceae* schliessen sich die **Leguminosae, Hülsen-
früchtler**, an (Orientirungstafel D VIII). Mehr als 6000 Arten
umfasst die Familie der *Leguminosae*, von denen etwa ein Drittel
auf die *Mimosoideae*, ein Viertel auf die *Caesalpinioideae* entfallen;
die übrigen bilden die Unterfamilie der *Papilionatae*, und für
diese speziell kann der deutsche Name „**Schmetterlingsblüthler**"
Anwendung finden. Die *Mimosoideae* sind tropisch oder subtropisch und lassen sich daher nur andeutungsweise im Freien
während des Sommers in einer Gruppe darstellen; wir finden
in derselben *Mimosa*- und *Acacia*-Arten, von letzteren namentlich australische Formen mit sog. „Phyllodien". Nur an den
ersten Blättern entwickelt die Pflanze eine Blattspreite, die
späteren Blätter verlieren die Spreite immer mehr, dafür wird
der Blattstiel blattartig (als Phyllodium) ausgebildet, und zuletzt fehlt oft jede Spur einer Spreite. Die sogenannten
„Mimosen" mit ihren gelben Aehren oder Köpfchen von
dicht gedrängten Blüthen, welche am Ende des Winters in
grosser Menge aus Italien nach Berlin kommen, sind dort
cultivirte *Acacia*-Arten Australiens. Auch die Unterfamilie der
Caesalpinioideae ist zumeist tropisch, dringt aber doch bis in's
Mittelmeergebiet und bis in's gemässigte (östliche) Nordamerika
nordwärts, daher hier durch im Freien cultivirte *Gleditschia*-,
Gymnocladus- und *Cercis*-Arten vertreten. *Ceratonia*, Johannis-
brotbaum, aus dem Mittelmeergebiet, ist nur als Topfpflanze
vorhanden. Sortiment der Caesalpinioideae bei 9 in F 1 des
Planes. Unter den *Papilionatae* herrschen zusammengesetzte
Blätter vor; Rankenbildungen, die aus der Umwandlung von
Blättern hervorgehen, zeichnen die *Vicieae* aus, während die
Phaseoleae vermittelst windender Stengel klettern. Unter den
Genisteae überwiegen Holzgewächse, bei den *Galegeae* und *Sopho-
reae* sind sie noch häufig, sonst treten sie nur sehr vereinzelt
auf, während die *Mimosoideae* und *Caesalpinioideae* fast durchweg
Sträucher oder Bäume sind. Sehr viele *Papilionatae* werden
als Ziergewächse gebaut oder gewähren als Hülsenfrüchte,
Futterpflanzen und wegen ihrer technich wichtigen Eigen-
schaften dem Menschen grossen Nutzen. Sortiment der *Papilionatae* im Arboretum 9 in C—E 7 des Planes. Auf dem von
grossen Bäumen beschatteten Rasenplatz gegenüber den *Prunoideae* (Orientirungstafel D VIII) liegt die kleine Reihe der

Thymelaeinae, von denen die *Elaeagnaceae* und *Thymelaeaceae* durch einige Arten vertreten sind. *Daphne Mezereum,* Seidelbast, gehört zu den Pflanzen, die im zeitigsten Frühjahre oder bei mildem Herbst- und Winterwetter sogar ziemlich regelmässig vor Eintritt der Kälte zum Blühen gelangen. Weitere Beispiele bei 13 in K 2.

Im Anschluss an die *Leguminosae* bringt Orientirungstafel D IX eine Uebersicht über die Reihen der *Geraniales, Euphorbiales* und *Malvales.*

Unter den *Geraniales* sind die *Cneoraceae, Polygalaceae* (*Polygala,* Kreuzblume), *Linaceae,* (*Linum,* Flachs, Lein), *Zygophyllaceae* und *Tropaeolaceae* (*Tropaeolum,* Kapuzinerkresse) nur schwach vertreten, die *Meliaceae* (*Melia*), *Simarubaceae* (*Ailanthus,* Götterbaum) durch Holzgewächse. Unter den *Oxalidaceae* zeigt der Sauerklee (*Oxalis*) an den gedreiten Blättern in ausgezeichneter Weise Tag- und Nachtstellung der Blättchen; während die letzteren am Tage schirmförmig ausgebreitet sind, biegen sie sich, an den Blattstiel eng anliegend, bereits im Spätnachmittag scharf nach abwärts. Die *Geraniaceae* (*Geranium,* Storchschnabel, *Pelargonium*) zeigen lang geschnäbelte Früchte; von dem Mittelsäulchen (Schnabel) lösen sich später 5 Streifen ab, die sehr hygroskospisch sind, bei trockener Luft sich spiralig einrollen und bei feuchter Atmosphäre sich wieder strecken. Darauf beruht die Verwendung der *Erodium*-Früchte zu Hygrometern (Feuchtigkeitsmessern). Am reichsten differenzirt erscheinen in unserem Garten unter den *Geraniales* die **Rutaceae;** ihre Blätter enthalten Oeldrüsen, erscheinen daher gegen das Licht gehalten durchscheinend punktirt. Die *Citrus*-Arten, von denen die Citronen, Pommeranzen, Apfelsinen u. s. w. abstammen, bilden die Unterfamilie der *Aurantioideae.*

Die *Euphorbiales* enthalten die typenreiche Familie der **Euphorbiaceae, Wolfsmilchgewächse,** die zumeist tropisch und subtropisch ist und etwa 4000 Arten umfasst. Die *Euphorbia*-Arten enthalten sehr reichlichen giftigen Milchsaft. Hieran schliessen sich die Wassersterne, *Callitrichaceae,* welche jedoch mit der vorhergenannten Familie wohl kaum nahe verwandt sind, aber vorläufig im System hier untergebracht werden.

Die *Malvales* enthalten die Familien der **Malvaceae, Malvengewächse, Tiliaceae, Linden,** und *Sterculiaceae;* die Linden, *Tilia*-Arten, sind sämmtlich Bewohner der nördlichen gemässigten Zone; grössere Exemplare suche man im Arboretum bei 10 in E 1; ein schöner Baum der südosteuropäischen

Silberlinde steht hinter dem Winterhause in H 6. Die geringe Zahl der Vertreter aus der Reihe der *Malvales* erklärt
sich aus der Thatsache, dass diese Reihe vorzugsweise in tropischen und subtropischen Gebieten heimisch ist.

Auf demselben Quartier, auf dem die *Tiliaceae* untergebracht
sind, beginnt eine Anzahl unter einander verwandter Familien,
die auch noch das folgende Rasenstück erfüllen: mit Ausnahme
der annuellen **Balsaminen, Balsaminaceae,** und der kleinen
Familie der gleichfalls annuellen *Limnanthaceae*, sind die übrigen
sämmtlich Holzgewächse, meist ansehnliche Bäume oder
Sträucher, seltener niedrige Sträuchlein, wie die *Empetraceae* oder
Coriariaceae.

Die **Aceraceae, Ahorne** und **Hippocastanaceae, Rosskastanien,** sind als Bewohner der nördlichen gemässigten
Zone, welche südwärts bis in die Gebirge Indiens und des
malayischen Gebietes, sowie bis in die Bergwälder Mexikos
vordringen, nordwärts über Südschweden, Mittelrussland, das
Amurgebiet und die kanadischen Seen kaum hinausreichen,
in unserem Garten gut vertreten; als Ergänzung dient 11
des Arboretums (in C/D 1). Die Rosskastanie, *Aesculus
Hippocastanum*, ist in den Wäldern des nördlichen Griechenlands
heimisch. Die *Sapindaceae* (tropisch) sind nur andeutungsweise
vertreten, die **Anacardiaceae** ebenfalls nur schwach. Die
ausgepflanzten *Rhus, Sumach,* zeigen eine schöne rothe Herbst-
färbung ihrer grossen, zusammengesetzten Blätter. Der zur
Einfassung von Rabatten allgemein verwendete Buchsbaum,
Buxus sempervirens, (*Buxaceae*) ist in einem kräftigen Exemplar
angepflanzt. Unter den **Celastraceae** zeigen die *Evonymus*-
Arten im Herbst an langem Faden aus den korallenrothen
Früchten heraushängende Samen, die von einem mennigrothen
Samenmantel umhüllt werden. Die Rothkehlchen verzehren
die Samen um dieses fleischigen Samenmantels willen und
tragen so zur Verbreitung der Pflanze bei. *Evonymus alatus*
aus Japan zeigt Aeste mit breiten Korkflügeln. Aus der
Familie der **Aquifoliaceae** ist im Sommer ein *Ilex*-Sortiment
(Stechpalme) aufgestellt, welches uns von der Veränderlichkeit
der Blattform eine Vorstellung giebt. Die *Staphyleaceae* zeigen
kuglige, blasig aufgetriebene Kapseln, die **Vitaceae, Weinge-
wächse,** Ranken, welche durch Umwandlung aus Sprossan-
lagen hervorgehen. Als Ergänzung der hier untergebrachten
Rhamnaceae, Kreuzdorngewächse, dient das bei 12 in
D 1 und 2 untergebrachte Sortiment, in dessen Nähe sich
auch die *Celastraceen*-Sammlung befindet. Beachtenswerth ist

die Gattung *Colletia* aus Chile und Argentinien mit verdornten Blättern.

Wir kehren zunächst zurück zu der Gruppe der *Euphorbiales* und *Malvales*, um auf der folgenden Orientirungstafel DXI eine Uebersicht zu gewinnen über die zahlreichen Familien des nächsten Beetes. Es beginnen die **Violaceae**, Veilchen, Stiefmütterchen, *Ternstroemiaceae*, **Cistaceae**, *Tamariscaceae*, *Bixaceae*, *Dilleniaceae* und *Guttiferae*. Die *Ternstroemiaceae* sind uns in der allgemein cultivirten Kamellie längst bekannt; von den *Cistaceae* werden wir in der geographischen Anlage grössere Gruppen finden. Die *Guttiferae* sind nur durch eine Unterfamilie, deren typische Gattung *Hypericum*, Hartheu, Johanniskraut, ist, vertreten. Bekannt sind die durch Drüsen bedingten durchscheinend punktirten Blätter derselben.

Hinter den *Cistaceae* liegt ein grosses Beet, das mit *Begonia*, Schiefblatt, bepflanzt, die Familie der **Begoniaceae** repräsentirt. Die grosse Gattung *Begonia* ist tropisch oder subtropisch und muss daher vorzugsweise im Warmhause (einige im Kalthause) cultivirt werden; härtere Sorten sind bei uns ihrer schönen Blätter wegen beliebte Zimmerpflanzen. Die Glanzperiode, während welcher die Begonien als Blattpflanzen hochgeschätzt wurden, liegt in den 50er und 60er Jahren, wiewohl auch gegenwärtig prächtige Sortimente nicht selten sind; jetzt sind die Begonien mehr als Blüthenpflanzen in Mode gekommen, da man aus den „Knollenbegonien" in den letzten Jahrzehnten Sorten erzogen hat, die durch Grösse der Blüthen und lebhafte Färbung ausgezeichnet erscheinen. Die Knollenbegonien sind auch härter als die Blattbegonien und eignen sich vortrefflich zu Gruppirungen im freien Lande.

Rechts von der Gruppe der Schiefblätter sind Vertreter der vorzugsweise südamerikanischen Familie der **Loasaceae** angepflanzt, welche einen merkwürdigen Blüthenbau zeigen, theils niederliegend, theils windend vegetiren und Brennhaare, wie unsere Nesseln, besitzen. Rechts stossen wir auf die morphologisch interessanten **Passifloraceae**, Passionsblumen, denen sich die *Datiscaceae* anreihen.

Es folgen nunmehr auf demselben Beete die Familien der *Myrtiflorae* und die *Cactaceae*. Die **Myrtaceae**, **Myrtengewächse**, sind vorzugsweise durch australische Arten vertreten; die einzige europäische Art ist die gewöhnliche Myrte, *Myrtus communis*, des Mittelmeergebietes; die tropischen Arten können natürlich in der Gruppe keine Aufnahme finden. Die *Punicaceae*, Granatbäume, sind gänzlich auf das Mittelmeergebiet beschränkt; eine zweite Art ist auf Socotra entdeckt worden. Die auch bei uns heimischen *Lythraceae* und **Onagraceae** enthalten manche Zierpflanzen, unter denen die Fuchsien den ersten Rang einnehmen. Unter den *Halorrhagidaceae* finden wir mehrere Wasserpflanzen, vor allem aber eine der schönsten Decorationspflanzen für das freie Land, *Gunnera scabra*, aus Chile und Peru. Die Pflanze verlangt im Winter Schutz.

Orientirungstafel D XII zeigt uns die **Umbelliferae, Doldengewächse**, an welche sich die strauchigen *Cornaceae* (*Cornus*, Kornelkirsche, Hartriegel [Sortiment bei 17 in D 2]) und die **Araliaceae** (*Hedera Helix*, Epheu, *Aralia Panax*) anschliessen. Als eine artenreiche Familie bewohnen die *Umbelliferae* die ganze Erde und besitzen für den Menschen als Arznei-, Küchen-, Gewürz- und Futterpflanzen eine grosse Bedeutung; im Ziergarten und Park treten sie stark zurück, nur die über mannshohen *Heracleum*-Arten (*Peucedaneae*) sind von decorativer Wirkung. Beachtenswerth sind manche *Hydrocotyleae* und *Saniculeae* wegen ihrer einfachen, oft grasähnlichen Blätter (südamerikanische *Eryngium*) und der kopfförmigen Blüthenstände, während sonst allgemein Dolden vorkommen, und die Blätter meist tief und vielfach getheilt sind. Dass auch strauchige Formen nicht fremd sind, zeigt *Bupleurum fruticosum* (*Ammineae*) und *Thapsia decipiens* (*Laserpitieae*).

D. Angiospermae-Dicotyledoneae-Sympetalae.

Wir kehren jetzt auf dem von uns eben benutzten Längswege bis zum Winterhause W zurück und wenden unsere Aufmerksamkeit dem Stücke zu, welches zwischen den *Pomariae* (D VII) und dem Inspector-Wohnhause J liegt (H/J 6). Dieses Stück ist für die sympetalen Familien (*Sympetalae*) der Dicotyledonen bestimmt, d. h. diejenigen, deren Blumenkrone aus unter sich vereinigten Blättern besteht.

Unsere Aufmerksamkeit (Orientirungstafel D XIII) lenkt sich im Frühjahre zunächst auf die **Primulaceae**, wo zahlreiche Primeln und Aurikeln und ihre bunt gefärbten Culturformen mit ihren Blüthen uns entgegenleuchten; die *Plumbaginaceae* sind zumeist Herbstblüther, die tropischen *Myrsinaceae* nur durch eine Art vertreten. Die *Ericales* enthalten die kleine Familie der *Clethraceae* und die *Epacridaceae*, die von Australien über Neuseeland und Neu-Caledonien bis zum Feuerlande reichen; die wichtigsten sind die **Ericaceae** selbst, deren

Unterfamilien durch eine Anzahl schön blühender Sträucher und Kalthauspflanzen zur Darstellung gebracht werden. *Erica*, Heidekraut, *Calluna*, von uns gleichfalls als Heidekraut bezeichnet, *Andromeda*, *Rhododendron*, Alpenrose, *Kalmia*, *Ledum*, Sumpfporst, *Loiseleuria*, *Arbutus*, *Arctostaphylos*, Bärentraube, *Vaccinium*, Preisselbeere, Heidelbeere, Moosbeere, sind die vornehmsten Vertreter. Sie verlangen Heide- oder Moorerde; viele von ihnen sind typische Bewohner von Hochmooren. *Erica Tetralix* ist die einzige *Erica*-Art Deutschlands, die auf den Hochmooren der deutschen Küsten und in der Lausitz vorkommt, während die in Norddeutschland so verbreitete *Calluna vulgaris*, auch Heidekraut genannt, eine typische Charakterpflanze der Heiden und lichten Kieferwälder ist Weitere Vertreter der *Ericaceae* suche man in der geographischen Anlage und in den Gruppen bei 14 in H 7 des Planes.

Von den *Diospyrinae* fehlen die *Sapotaceae* als tropische Familie hier ganz, die *Ebenaceae* (*Diospyros*) und *Styraceae* (*Styrax*, *Halesia*) sind nur durch wenige Holzgewächse vertreten.

Den *Diospyrinae* folgen die *Contortae* (Orientirungstafel D XIV), von denen die **Gentianaceae (Enziangewächse)**, *Loganiaceae*, *Apocynaceae* und **Asclepiadaceae** nur spärlich vorhanden sind. *Gentiana*, Enzian, finden wir auf der geographischen Anlage in mehreren Arten. Die *Apocynaceae* und *Asclepiadaceae* besitzen milchende Aeste und Blätter, die letzteren zeigen höchst eigenthümliche Bestäubungseinrichtungen und mit Haarbüschen (Flugapparaten) versehene Samen. Etwas vollkommener wird hingegen hier die Familie der **Oleaceae** demonstrirt. Das runde Mittelbeet ist für die Eschen, *Fraxinus*, bestimmt, die hier nur in jungen Exemplaren vorhanden sind; ältere Bäume suche man bei 8 und 15 im Arboretum (B/C 2). Die Eschen blühen oft vor Entfaltung ihrer gefiederten Blätter, ihre geflügelten Früchte werden in drehender Bewegung abgeworfen. *Fraxinus Ornus*, Manna-Esche, lässt an angeschnittenen Stellen des Stammes einen Saft ausfliessen, der zu „Manna" erstarrt. Die in der Bibel erwähnte Manna stammt aber nicht von der Esche, sondern von *Tamarix mannifera* (*Tamariscaceae*) und wird nur auf der Sinaihalbinsel gewonnen. Vor den Eschen befinden sich einige Arten des echten Jasmins; was wir gewöhnlich als „Jasmin" bezeichnen, sind Arten von *Philadelphus*, Pfeifenstrauch, die man bei den *Saxifragaceae* suche. Die Tribus der *Syringeae* enthält die Gattungen *Forsythia* und *Syringa*, Flieder; ein Sortiment bei 16 in E 2 des Planes. Die *Forsythia*-Arten entwickeln ihre gelben Blüthen nach den ersten

2*

warmen Frühjahrstagen oft schon im März. Unter den *Oleeae*
suche man den Oelbaum, *Olea europaea*, und Liguster oder
Rainweide, *Ligustrum vulgare*. Sortimente hiervon bei 17
(in D 2) im Arboretum.

Orientirungstafel D XV und D XVI geben uns über die
Lage einer Anzahl Familien Aufschluss, welche früher gewöhnlich als *Labiatiflorae* zusammengefasst wurden. Rechts
von dem das grosse Beet von den *Oleaceae* ab halbirenden,
breiten Wege finden wir unter den **Convolvulaceae, Winden-
gewächsen**, Arten von *Convolvulus*, *Ipomoea*, *Calystegia*, die Typen
der Winden, ferner Parasiten aus der Gattung *Cuscuta*
(Flachsseide, Kleeseide u. s. w.) mit fast blattlosen Stengeln.
Unter den *Hydrophyllaceae* überwiegen annuelle Pflanzen, auch
unter den **Polemoniaceae**; bekannt sind die Zierpflanzen aus
den Gattungen *Phlox*, *Cobaea*, *Nemophila*, *Phacelia*, *Wigandia*.
Die *Nolanaceae*, mit windenähnlichen Blüthen, vermitteln den
Uebergang von den *Convolvulaceae* zu den **Solanaceae**. Die
Tribus der *Nicandreae* ist auf *Nicandra* beschränkt; von den
Datureae ist im Garten nur *Datura*, Stechapfel, vertreten.
Die *Cestreae* sind habituell sehr verschiedenartig gebaut; neben
den strauchigen, grossblättrigen *Cestrum* (Blätter einzelner Arten
riechen nach Schweinebraten) und der schuppenblättrigen
Fabiana finden sich als Stauden die Arten von *Petunia* und
des Tabaks, *Nicotiana*. Unter den *Solaneae* liefern *Solanum*
(Nachtschatten, Kartoffel) und *Capsicum* (span. Pfeffer,
Paprika) Nutzpflanzen; *Lycium* wächst strauchartig. Beachtenswerth erscheinen noch *Hyoscyamus*, Bilsenkraut, *Atropa Bella-
donna*, Tollkirsche. *Mandragora* blüht frühzeitig, welkt dann
bald und die Früchte liegen als grüne Kugeln dem Erdboden
auf; die merkwürdig gestaltete, rübenförmige Wurzel (Alraun)
diente früher zu allerhand abergläubischem Unfug. Die *Solanaceae* empfehlen sich zur eingehenden Besichtigung auch von
Seiten der Laien schon deshalb, weil unsere einheimischen,
stärksten **Giftpflanzen** dazu gehören: 1) *Solanum nigrum* und
2) *S. Dulcamara*, Nachtschatten, 3) Tollkirsche, 4) Bilsenkraut und 5) Stechapfel. Die Giftigkeit beruht auf der
Anwesenheit von Alkaloiden; dieselben Stoffe verleihen diesen
Pflanzen aber auch ihre heilkräftige Wirkung. — Als Ergänzung
des Systems diene das Sortiment von *Lycium*, Bocksdorn,
hinter dem Museum bei 18 in A 2 des Planes.

Die **Scrophulariaceae** sind durch reichliche, einjährige
Gewächse und perennirende Stauden vertreten; Bäume und
Sträucher spielen nur eine untergeordnete Rolle (*Teedia*,

Paulownia). Zierpflanzen und medizinisch verwendete Arten (*Gratiola*, *Digitalis*, Fingerhut, *Verbascum*, Königskerze u. a.) finden sich in den meisten Tribus. Die *Rhinantheae* bestehen vorzugsweise aus Halbparasiten, welche sich zwar zum Theil selbstständig ernähren, aber unabhängig von der Nährpflanze, auf deren Wurzelsystem sie schmarotzen, nicht zu existiren vermögen. Daraus erklärt sich die Schwierigkeit, diese Pflanzen dauernd zu cultiviren; sie müssen immer wieder erneuert werden.

Die an die zuletzt genannten *Scrophulariaceae* sich anschliessenden *Lentibulariaceae*, *Gesneraceae*, *Pedaliaceae*, *Bignoniaceae*, *Myoporaceae*, **Acanthaceae** und *Globulariaceae* sind zum allergrössten Theil tropisch oder subtropisch und im freien Lande nur sehr schwach vertreten. Die *Verbenaceae*, **Labiatae**, **Borraginaceae** und *Plantaginaceae* (Wegerich) werden durch Orientirungstafel D XVI erläutert und haben gegenüber den *Scrophulariaceae* ihren Platz gefunden. Die *Labiatae*, **Lippenblüthler**, sind aromatische Kräuter, welche in besonderen Drüsenhaaren ätherisches Oel ausscheiden. Darauf beruht die Wirkung vieler Arten als Arzneipflanzen, und ihres durch den Oelgehalt verursachten Wohlgeruchs wegen sind mehrere beliebte Zierpflanzen (Mentha, Minze) und Küchenkräuter (Majoran [*Origanum Majorana*], Pfefferkraut [*Satureja hortensis*] u. a.) geworden.

Es folgen nunmehr (Orientirungstafel D XVII) die **Dipsacaceae**, **Valerianaceae**, **Baldriangewächse** und **Rubiaceae**, und diesen gegenüber haben die *Caprifoliaceae* und *Adoxaceae* ihren Platz gefunden. Die *Rubiaceae* gehören zu den typenreichsten Familien des Pflanzenreichs; der bescheidene Raum, den sie hier inne haben, erklärt sich dadurch, dass die allermeisten Gattungen tropischen Ursprungs sind. Die **Caprifoliaceae** (*Lonicera*, Gaisblatt, Jelängerjelieber, *Diervilla*, *Sambucus*, Hollunder) sind durch ein grösseres Sortiment an der Mauer längs der Potsdamer Strasse (19 in E/G 7) im Garten vertreten.

Darauf folgen die **Campanulaceae, Glockenblumen**, an welche sich die exotischen *Candolleaceae* und *Goodeniaceae* anschliessen, und endlich die *Compositae* (Orientirungstafeln D XVIII und D XIX). Etwa 10000 Arten bilden die grösste aller Pflanzenfamilien, die **Compositae, Korbblüthler**, deren Vertreter über die ganze Erde verbreitet sind. Allen sind kleine Blüthen gemeinsam, welche zu dichten Köpfchen angeordnet sind. Die Blüthen selbst sind entweder röhrig,

(*Cynareae*), oder sämmtlich zungenförmig, d. h. unregelmässig mit einseitig verbreiterter Krone (*Cichorieae*), oder die mittelständigen erscheinen röhrig, die randständigen zungenförmig (*Heliantheae*, *Astereae*, *Anthemideae*). Im letzteren Falle nimmt der Blüthenstand in hohem Maasse das Aussehen einer Einzelblüthe an. Die *Cichorieae* enthalten Milchsaft, der bei der Verletzung der Pflanze in weissen Tropfen hervortritt, ein Merkmal, wodurch diese Tribus sich den *Campanulaceae* nähert. Ueberhaupt sind die *Compositae* reich an wirksamen Stoffen, daher in der Familie vielfach arzneilich oder technisch verwerthete Arten auftreten; auch finden wir zahlreiche Zierpflanzen. Es herrschen in diesem Quartier durchweg Stauden vor, nur unter den *Astereae* sind strauchige oder baumartige Vertreter vorhanden.

Den Schluss der *Sympetalae* bilden hier die **Cucurbitaceae, Kürbisgewächse,** (Orientirungstafel D XX). Sie haben grosse, bisweilen gelappte Blätter, eingeschlechtliche Blüthen, meist eigenthümlich gekrümmte oder gebogene Staubbeutel und klettern vermittelst Ranken an festen Stützen empor. Die Familie ist vorzugsweise tropisch, und nur wenige reichen nordwärts in gemässigte Länder (*Bryonia*, Zaunrübe, *Thladiantha*, *Sicyos*). Daher cultivirt man sie bei uns am besten im Mistbeete und bringt die jungen Pflanzen, wenn keine Nachtfröste mehr zu befürchten sind, in's freie Land. Ihre tropische Heimath lassen sie aber auch dadurch erkennen, dass sie zu den ersten Gewächsen gehören, die im Herbste erfrieren. Schöne Culturformen von *Curcubitaceae* sind am Rande des Reservebeetes (R I und R II in B/C 4 des Planes) angepflanzt.

E. Angiospermae-Monocotyledoneae.

Wir haben nunmehr unseren Rundgang noch durch die Unterklasse der *Monocotyledoneae* zu machen. Um dahin zu gelangen, lenken wir unsere Aufmerksamkeit auf die Systemstücke in E 6 des Planes. Hier steht die Orientirungstafel M I. Der breite Rasenstreifen, welcher das erste Beet auf der Aussenseite begrenzt, enthält eine Menge eingesenkter Kübel, welche für die Familien der *Typhaceae*, Rohrkolbengewächse, *Sparganiaceae* und die die Reihe der *Helobiae* bildenden Familien Aufnahme gewähren. Die **Helobiae** sind durchweg Bewohner von Sümpfen und stehenden oder fliessenden Gewässern. Wir machen namentlich aufmerksam auf die Wasserpest, *Elodea canadensis*. Die Pflanze stammt aus Nordamerika, wurde 1836 zuerst in Irland, dann in England, später in den meisten Ländern Mittel- und Nordeuropas eingeschleppt, wo sie anfangs durch ihre starke Vermehrung für Schifffahrt und Fischerei lästig wurde, späterhin sich in verminderter Individuenzahl eingebürgert hat; in Deutschland kennt man sie seit 1860. Die starke Vermehrung erfolgt nur auf vegetativem Wege. Samen werden nicht gebildet, da nur die weibliche Pflanze in Europa existirt. Den *Helobiae* folgen die **Cyperaceae, Riedgräser,** deren Hauptvertreter der Gattung *Carex* angehören.

Habituell mit den *Cyperaceae* übereinstimmend, unterscheiden sich die **echten Gräser, Gramineae,** in ihrem Blüthenbau ganz wesentlich von jenen; auch besitzen sie meist runde Halme und offene Blattscheiden, während bei den Riedgräsern scharf dreikantige Halme und geschlossene Blattscheiden vorherrschen (Orientirungstafel M II). Unter den Gräsern finden wir viele Nutzpflanzen, die als Getreide, Hirse, Durrha u. s. w. über die ganze Erde verbreitet sind; sie bilden ferner den Hauptantheil unserer „Wiesen" und sind dadurch für Weidewirthschaft und Viehzucht von unschätzbarem Werthe. Die Existenz der Wiesen, die mit ihrem geschlossenen, blumengeschmückten Teppisch das Auge erfreuen, ist an solche Gegenden gebunden, wo die Niederschläge über das ganze Jahr ziemlich gleichmässig vertheilt sind; wo dieser klimatische Factor fehlt, ist Wiesenwirthschaft nur durch künstliche, andauerde Berieselung möglich. Auch in den Steppen und Savannen, wo Regenzeiten und trockene Perioden in regelmässigem Wechsel auf einander folgen, dominiren die Gräser, aber ihre Rasen wachsen zerstreut und verhüllen nicht völlig den Boden. Die *Bambuseae* bilden in den Niederungen einen wichtigen Bestandtheil der tropischen Wälder, auf den Gebirgen Südamerikas bilden strauchige *Bambuseae* die geschlossene Vegetationsformation der „Carizales". Diese letztere Tribus ist im Freien nur durch einige kleine *Bambusa*-Arten repräsentirt, welche überdies während des Winters eines sorgfältigen Schutzes bedürfen. Die *Cyperaceae,* im Gegensatz zu den echten Gräsern haben keine landwirthschaftliche Bedeutung; die sogenannten „sauren Wiesen" werden vorzugsweise von Seggen (*Carex*). Simsen (*Scirpus*) und Wollgräsern (*Eriophorum*) bestanden.

Wir wenden uns jetzt nach links, um die auf Orientirungstafel M III vermerkten Familien der **Orchidaceae, Cannaceae** Blumenrohrgewächse, **Musaceae,** *Zingiberaceae,* Ingwergewächse, *Marantaceae,* **Araceae,** Aronstabgewächse, *Lemna-*

ceae Wasserlinsen und **Palmae** zu suchen. Die letzteren
dieser Familien sind gruppirt um das Denkmal von ALEXANDER
BRAUN, eines früheren Direktors des Gartens (1851—1877),
der um diesen, sowie um die Wissenschaft selbst sich bleibende
und grosse Verdienste erworben hat. Die genannten Familien
sind mit Ausnahme der *Cannaceae* nur schwach vertreten, meist
nur durch Topfpflanzen repräsentirt. Die einheimischen Orchideen, auf dem den *Gramineae* zunächst liegenden Stück untergebracht, lassen sich schwer cultiviren, sterben meist nach
einigen Jahren ab und müssen oft erneuert werden. Für das
specielle Studium dieser Familien ist der Besuch des Palmenhauses, des Orchideenhauses und des Araceenhauses unerlässlich.
Wir biegen nunmehr, nach links uns wendend, auf das
zwischen Succulentenhaus (S in F 4) und der Anlage für
Wasserpflanzen (in D 4) liegende Quartier ein, um hier die
Familien der *Farinosae* (**Commelinaceae**, *Bromeliaceae*, *Pontederia-*
ceae) und *Liliiflorae* (**Juncaceae**, Binsengewächse, **Liliaceae**,
Amaryllidaceae, *Dioscoreaceae*, **Iridaceae**) zu finden, und be-
nutzen als Wegweiser die hier angebrachten Orientirungstafeln M IV bis M VII. Gerade dieses Quartier zeigt am
deutlichsten, wie sehr es sich empfiehlt, in das „System" auch
Gewächshauspflanzen aufzunehmen, um nicht nur während eines
kurzen Theils des Jahres dem Besucher etwas zu bieten.
Wenn die Monate April und Mai verflossen sind, gewähren
grosse Flächen der *Liliaceae* ein trauriges Bild: die hier an-
gepflanzten Arten sind dann abgeblüht, ihre Blätter ver-
welkt und dem Besucher tritt nichts entgegen als kahles
Erdreich oder missfarbige Blätter. Die Pflanze hat ihre
Lebensthätigkeit eingestellt, um erst im nächsten Frühjahr
wieder zu treiben. Es entspricht dies ganz und gar dem
Steppenklima, aus dem die meisten Zwiebelgewächse stammen,
und welches nur während der kurzen feuchten Jahreszeit
ein Pflanzenleben ermöglicht, während die Pflanze im übrigen
Theil des Jahres als unterirdische Zwiebel oder Knolle die
Dürre überdauert.
Das Liliifloren-Quartier muss, wenn der Besuch Nutzen
bringen soll, wiederholt im Jahre besucht werden, Im zeitigsten
Frühjahr erscheinen hier schön gefärbte Blüthen, welche bis-
weilen einen kräftigen Wohlgeruch besitzen (*Crocus*, *Narcissus*,
Galanthus, *Leucojum*, Schneeglöckchen, *Hyacinthus*, *Tulipa*,
Tulpe, *Scilla*, u. s. w., u. s. w.); wenn diese Zeit der reichsten
Blüthenentwickelung vorübergegangen ist, öffnen die *Ixioideae*
(*Gladiolus*) und *Iridoideae* (*Iris*, Schwertlilie), die Lilien,

sowie die *Asphodeloideae* ihre Blüthen. Während des Hoch-
sommers stehen fast nur die Laucharten, *Allium*, in Blüthe
und im Herbste beschliessen die **giftigen** Herbstzeitlosen,
Colchicum, und einige Herbstblüher von den *Crocus* die Vegetation.
Die *Dracaenoideae* sind baumartige *Liliaceae* mit Dickenwachs-
thum, die *Smilacoideae* kletternde Sträucher, im Habitus den
Dioscoreaceae nicht unähnlich. Unter den *Aloineae* sind die *Aloe*-
Arten mit ihren fleischigen Blättern beachtenswerth; man ver-
wechsele sie nicht mit *Agave*, deren häufigste Art gewöhnlich
auch als „hundertjährige Aloe" bezeichnet wird. Die
echten *Aloe* sind *Liliaceae*, die Agaven bilden eine besondere
Unterfamilie der *Amaryllidaceae*.

Die *Agave*-Arten, deren Heimath fast ausschliesslich in
Mexiko liegt, erzeugen jährlich nur wenige Blätter, das Längenwachsthum ihres Stammes ist meist ein sehr beschränktes.
Die Zeit, in welcher sie zur Blüthenentwickelung gelangen,
schwankt je nach der Art und je nach der Kräftigkeit des
Individuums; manche Arten blühen schon nach 4 bis 5 Jahren,
andere erst nach 100 oder mehr Jahren, so dass die Bezeichnung der *Agave americana* als „hundertjähriger Aloë"
wenigstens zum Theil der Wirklichkeit entspricht. Nach voll-
endeter Blüthe stirbt die Pflanze ab, doch treiben die mächtigen
Blattrosetten Ausläufer oder Knospen, welche den Pflanzenstock
regeneriren; ausserdem erfolgt die Vermehrung häufig durch
kleine Zwiebelchen, welche im Blüthenstand an Stelle einzelner
Blüthen auftreten, leicht abfallen, sich bewurzeln und zu neuen
Individuen heranwachsen.

F. Das Reservestück.

(R I und R II in B/C 4 des Planes)

Auf diesem Stück werden Pflanzen, welche zu besonderen
Studien Verwendung finden sollen, cultivirt, sowie solche, deren
richtige Benennung erst einer Revision bedarf, ehe sie ander-
weitig im Garten Verwendung finden. Gegenüber dem Reservestücke (in C 4) liegen die Alpinen-Kästen und -Stellagen, auf
welchen Alpenpflanzen für die geographischen Anlagen herangezogen werden, und auf welchen eine **Sammlung seltener
Alpenpflanzen**, deren Cultur besonderer Sorgfalt bedarf, sich
befindet. Auf einem Tische werden die interessantesten der
gerade in voller Blüthe stehenden Gewächse für die Besucher
zur Besichtigung aufgestellt. An der Ecke des Stückes, welches

die Alpinen Kästen enthält, liegt die sog. „Chamisso-" oder
„Wildenow-*) Laube" (in C 3), fast ganz von *Vitis riparia*,
einer nordamerikanischen Weinart, gebildet, deren Blüthen
(im Juni) einen starken, lindenblüthenähnlichen Wohlgeruch
entwickeln. In ihr sind eine Anzahl von Stämmen und Holz-
abschnitten von im Garten gewachsenen Bäumen zur Schau
aufgestellt. Zwischen ihr und den Alpinen-Kästen rankt zu
beträchtlicher Höhe eine nordamerikanische, einjährige (!) Cu-
curbitacee, *Sicyos angulatus*, die Haargurke, an einem abgestorbenen Baume empor.

Die Reservestücke werden an einer Seite von einem Sortiment
von *Ribes*-Arten, zum grösseren Theil aber von der sog. **Kürbis-
allee** umgrenzt, welche seit jeher für die Besucher eine grosse
Anziehungskraft besessen hat. Hier werden besondere Culturformen gezogen, deren Bestand natürlich von Jahr zu Jahr
geringen Aenderungen unterworfen ist. Die wichtigsten sind
folgende: 1) Flaschenkürbis, Calabasse, *Lagenaria vulgaris*,
ursprünglich heimisch in den Tropen der alten Welt, jetzt
allenthalben cultivirt. Die flaschenförmigen, bis meterlangen
Früchte von sehr veränderlicher Form und Grösse dienen
zu Gefässen; einige Varietäten sind essbar. 2) *Cucurbita ficifolia*,
schwarzsamiger Kürbis, wahrscheinlich aus Amerika
stammend, mit ovalen, grünen, weissgestreiften und marmorirten
Früchten; 3) *Cucurbita moschata*, Muskat- oder Melonenkürbis;
4) *C. maxima*, Feld- oder Centnerkürbis und 5) *C. Pepo*,
gemeiner Kürbis, sämmtlich wildwachsend unbekannt, aber
allenthalben gebaut, stammen offenbar aus dem trop. Amerika.
Sie liefern essbare Früchte, die als Speisekürbisse allgemein
bekannt sind und oft Centnerschwere erreichen; andere Sorten
und Spielarten werden nicht zum Küchengebrauch, sondern
als Zierpflanzen gebaut (Zierkürbisse). Ihre Früchte variiren
nach Grösse, Form und Farbe sehr beträchtlich; man kann
eine Vorstellung von der Mannigfaltigkeit der Formen, die zum
guten Theil durch Bastardirung hervorgegangen sind, gewinnen,
wenn man die birnförmigen, zweifarbigen Sorten vergleicht mit
dem bekannten Türkenbundkürbis, die warzigen Formen
mit den glatten, u. s. w.

---

*) Der Dichter ADALBERT v. CHAMISSO war Custos am Kgl. botan.
Garten und Herbar von 1818—1838. — K. L. WLLDENOW, berühmter
Botaniker, Direktor des Berliner bot. Gartens von 1801—1812.

II. Die morphologisch-biologische Abtheilung.

In der systematischen Abtheilung des Gartens sollen die einzelnen Pflanzen dem Besucher nach ihrer natürlichen Verwandtschaft vorgeführt werden, damit derselbe ein möglichst vollständiges Bild von der Gliederung des Pflanzenreiches erhalte. Die morphologisch-biologische Abtheilung führt uns die Pflanze als ein lebendiges Wesen vor die Augen, das seinen Aufgaben und Functionen sich in verschiedener, mannigfaltiger Art und Weise anpasst. Wir sehen die Pflanze als etwas Veränderliches vor uns; einzelne Organe geben ihre ursprüngliche Function auf und dienen anderen Aufgaben; bei veränderten Ernährungsverhältnissen erleiden nicht nur einzelne Organe, sondern der ganze Organismus eine Umbildung. In vielen Fällen werden wir die Veränderung (Metamorphose) mit äusseren Factoren in Zusammenhang bringen können und letztere als die Ursachen der Umwandlung ansprechen; aber wir kennen andererseits auch zahlreiche Beispiele von Variationen, für deren Entstehung uns Ursachen nicht bekannt sind, und welche wir demnach als durch „innere Ursachen" bedingte Abweichungen bezeichnen müssen.

Für die morphologisch-biologische Abtheilung sind die Quartiere B I—B IV bestimmt worden (in C/D 4 und D 6/7 des Planes). Wir wenden uns zunächst zu den beiden Beeten B I und B II, welche südlich an die systematische Abtheilung grenzen, und welche Veränderungen der Vegetationsorgane (Wuchs, Blätter) oder Variationen der Blüthe erläutern.

Unter den **veränderten Wuchsverhältnissen** treten uns zwei Typen entgegen: einmal solche Formen, deren Zweige nicht wie beim Typus der Art abstehen, sondern steif nach oben gerichtet sind, dann solche mit hängenden Aesten. Letztere bilden die sog. **Trauerformen** unserer Bäume und Sträucher. Wir finden ferner die sog. Schlangenfichten, deren Aeste ein auffallend gefördertes Längenwachsthum zeigen, und anderseits Varietäten gewisser Arten mit gestauchten Stengeln. Dahin gehört beispielsweise *Myosotis Rehsteineri*, eine niedrig bleibende Form der *M. caespitosa*. — In wieweit die **Farbe des Blattes** variirt, erkennen wir aus den zahlreichen Beispielen weiss, gelb oder roth gefärbter Formen vieler Stauden, Sträucher und Bäume. Der Gärtner macht einen ausgiebigen Gebrauch von solchen Formen in Parkanlagen und Teppichbeeten. — Endlich wird uns hier demonstrirt, dass eine und dieselbe Pflanzenart auch in der **Blattform** erheblich variiren kann: die Form des Blattes kann eine einfachere oder complicirtere werden. Die nur ein Blättchen, statt eines gefiederten Blattes, tragende Esche, Brombeere oder Erdbeere sieht der typischen Form recht unähnlich, ebenso die Hollundersträucher mit fast doppelt gefiederten Blättern. Die Zahl der Formen mit tief getheilter Spreite (Birke, Erle, Ahorn u. s. w.) oder krausem Blattrande ist eine recht grosse. Dass aber alle diese Variationen, sowohl der Farbe, als der Form, doch eben nur Varietäten des Typus der gewöhnlichen Art vorstellen und nicht etwa neue Arten, geht schon daraus hervor, dass nicht selten an einem Individuum normale Blätter auftreten (sog. Rückschlag) oder Uebergangsformen zu solchen; auch sind alle diese Formen sehr häufig nicht samenbeständig.

Von den Variationen, welche die Blüthe oder Theile der Blüthe betreffen (B II), erscheint die **Aenderung der Blüthenfarbe** als die einfachste. Dagegen sind Beispiele **kleinblüthiger Varietäten** nicht so leicht zu haben, ebenso wie geeignete Objecte für die Erscheinung der **Apetalie**. Man versteht unter apetalen Formen solche Varietäten, welche im Gegensatze zu der normalen Form der Blumenblätter entbehren; es giebt indess auch apetale Arten einer Gattung und apetale Gattungen einer Familie.

Jedes Organ der Blüthe, die Blätter der Btüthenhülle (Kelch, Blumenkrone), die Staubblätter, die Fruchtblätter, können unter gewissen, uns noch zum grössten Theil unbekannten Verhältnissen theils laubblattartige, theils blumenblattartige Ausbildung annehmen, und man spricht dann von metamorphosirten Kelchblättern, Blumenblättern u. s. w. Es können aber auch Fruchtblätter in Staubblätter übergehen und umgekehrt, oder Blumenblätter in Staubblätter metamorphosirt werden u. s. w. Zu derartigen Metamorphosen gehören die **Vergrünungen**, welche laubblattartige Ausbildung der Organe der Blüthe darstellen. Wo sämmtliche Organe der Blüthe, wie bei der hier vorhandenen sog. *Rosa bengalensis* oder *Rosa viridis* der Gärten, diese Metamorphose erlitten haben, ist selbstverständlich eine Samenbildung nicht möglich, weil eben die Fruchtblätter als grüne Blätter ausgebildet sind und keine Fruchtknoten bilden. Daneben steht ein Wegerich, *Plantago major*, an dessen Blüthenstand die sonst nur als kleine Schuppen auftretenden Deckblätter der einzelnen Blüthen eine laubblattartige Ausbildung zeigen. Die hier vorhandene Form der Wiesensalbei bietet insofern Interesse, als die Blumen-

krone getrenntblättrig und grün erscheint und der Staubblatt-
kreis durch Fruchtblätter vertreten wird.

Einer Metamorphose verdanken auch die hier zahlreich
vertretenen sog. **gefüllten Blüthen** ihre Entstehung. Sie
gehen durch eine blumenblattartige Ausbildung der Staub-
und Fruchtblätter hervor; daher ist der Erfolg der „Füllung"
um so vollkommener, je mehr Organe der Blüthe sich an
der Metamorphose betheiligen; sind auch die Fruchtblätter
zu Blumenblättern umgewandelt, so kann keine Samenbildung
stattfinden, und daraus erklärt sich die Unfruchtbarkeit der
meisten gefüllten Blüthen und ihre alleinige Vermehrung
durch Ableger, Theilung, Pfropfung u. s. w. Die hier vorhandenen Primeln, *Mimulus, Campanula Medium* zeigen **doppelte
Krone** durch blumenblattartige Ausbildung der Kelche;
die gefüllten Rosen, Narcissen, Tulpen, Potentillen,
Spiraeen u. s. w. sind vollkommen gefüllt, doch findet
man nicht selten Mittelstufen zwischen Blumenblatt und
Staubblatt, namentlich bei den Tulpen. Mit den gefüllten
Blüthen dürfen die sog. gefüllten Sonnenblumen (*Helianthus*)
oder Georginen (*Dahlia variabilis*) nicht verwechselt
werden. Hier nur in wenigen Vertretern vorhanden, findet
man ein reiches Sortiment von Georginen auf der Rabatte
vor dem Winterhause W (G/H 5), darunter auch viele
„gefüllte" Sorten. Die Füllung beruht auf einer **Aenderung
der Blüthenform.** Während nämlich bei der normalen Pflanze
die centralen Blüthen des Köpfchens (Scheibenblüthen) regelmässig sind und nur die randständigen unregelmässig, sog.
Zungenblüthen vorstellen (vergl. S. 21), wandeln sich bei den
„gefüllten" *Compositae* die Scheibenblüthen gleichfalls in Zungenblüthen um. Auch die **Pelorien** stellen eine Veränderung der
Blüthenform dar und umfassen die Fälle, wo normal unregel-
mässige Blüthen regelmässig ausgegliedert werden.

Wir wenden uns nun zu Beet B III, welches die **Geschlechts-
verhältnisse** der Pflanzen veranschaulichen soll. Um Samen
zu erzeugen, aus dem die Nachkommen sich entwickeln, muss
der in den Staubbeuteln gebildete Blüthenstaub oder Pollen
nach dem Oeffnen der Staubbeutel auf die Narbe des Frucht-
knotens gelangen. Hier keimt das Pollenkorn zu einem langen
Schlauch aus, der in die Fruchtknotenhöhlung eindringt und
die dort befindlichen Samenanlagen (Ovula) befruchtet; in
Folge dessen entwickeln sich die letzteren zu Samen und der
Fruchtknoten zur Frucht. Die Pollen erzeugenden Staubblätter werden als männliche, die Fruchtblätter als weibliche

Organe der Pflanze angesehen. Es ist nun ein vielfach er-
wiesener Erfahrungssatz, dass in den meisten Fällen die Befruchtung nicht innerhalb einer Blüthe stattfindet, sondern
dass Pollen und Narbe verschiedenen Blüthen angehören; und
es zeigte sich, dass es für die Nachkommen am vortheilhaftesten
ist, wenn die Befruchtung zwischen verschiedenen Individuen
derselben Pflanzenart stattfindet. Daraus erklären sich nun
die Blütheneinrichtungen, welche eine Selbstbefruchtung er-
schweren oder verhindern. Zu diesen Einrichtungen gehört die
Heterostylie; sie beruht auf dem Auftreten zweier, durch die
Länge des Griffels und die Höhe der Staubbeutel von einander
verschiedener Blüthenformen bei einer Art; man unterscheidet
also beispielsweise bei den Primeln oder beim Lungenkraut
eine langgrifflige und eine kurzgrifflige Form: bei ersterer ragt
die Narbe aus der Blüthe hervor, die Staubbeutel sind in der
Blüthe verborgen; die kurzgrifflige Form hat Staubbeutel,
welche weit aus der Blüthe herausragen, aber einen kurzen
Griffel; und zwar entspricht die Höhe der Staubbeutel bei der
einen Form genau der Höhe der Narbe der andern Form.
Sehr genaue Untersuchungen haben nun gezeigt, dass Selbstbefruchtung bei heterostylen Pflanzen zwar bisweilen vorkommt,
aber die ungünstigsten Resultate ergiebt, dass die besten Er-
gebnisse dann erzielt werden, wenn die sich vereinenden
Geschlechtsorgane gleicher Höhe angehören, also z. B. Pollen
der kurzgriffligen Form auf die Narbe der langgriffligen Form
gelangt und umgekehrt.

Ein ferneres Mittel zur Verhinderung der Selbstbefruchtung
liegt in der zeitlichen Trennung der Geschlechter innerhalb einer Blüthe. Nur selten befindet sich die Narbe zu
der Zeit, zu welcher sich die Staubbeutel öffnen und den
Pollen entlassen, in geschlechtsreifem Stadium, d. h. ist vermöge einer von ihr ausgeschiedenen Flüssigkeit im Stande, die
Pollenkörner festzuhalten und zur Keimung zu bringen. Das
ist in den **homogamen Blüthen** der Fall. In vielen Blüthen
öffnen sich die Staubbeutel vor der Geschlechtsreife der Narbe;
diese heissen **proterandrisch**; **proterogynisch** heisst die Blüthe,
wenn die Geschlechtsreife der Narbe vor dem Oeffnen der
Staubbeutel eintritt.

Noch wirksamer als die zeitliche Trennung der Geschlechter
für die Verhinderung der Selbstbefruchtung ist deren räum-
liche Trennung. In homogamen, proterandrischen und
proterogynischen Blüthen sind beide Geschlechter in einer
Blüthe vereint, und daher entsprechen diese zusammen dem

alten Begriff des Hermaphroditismus. Die **monöcischen** und **diöcischen** Blüthen sind eingeschlechtlich; bei Monöcie kommen Blüthen beiderlei Geschlechts auf einem Individuum vor, bei Diöcie sind sie auf verschiedene Individuen vertheilt; im letzteren Falle unterscheidet man männliche und weibliche Pflanzen.

Hermaphrodite und eingeschlechtliche Blüthen sind durch Zwischenstufen mit einander verbunden. Dahin gehört die **Andromonöcie**, eine Geschlechtsform der Pflanze, bei welcher auf einem Individuum hermaphrodite und männliche Blüthen vorkommen, und die **Gynomonöcie**, wo neben zweigeschlecht-lichen Blüthen auch rein weibliche auf einem Individuum auf-treten. Die **Androdiöcie** wird dadurch charakterisirt, dass eine Pflanzenart in rein männlichen Individuen auftritt, während andere Individuen derselben Art hermaphrodit sind, die **Gyno-diöcie** dadurch, dass neben weiblichen Individuen auch her-maphrodite existiren. **Triöcische** Pflanzen besitzen männliche, weibliche und Zwitterblüthen.

Die Uebertragung des Pollens aus den Staubbeuteln auf die Narbe erfolgt unter Vermittlung des Windes — **wind-blüthige Pfl.** — oder des Wassers — hydrophile Pfl. — oder durch Vermittlung von Thieren — zoidiophile Pflanzen. Die windblüthigen Pflanzen besitzen unscheinbare Blüthen, sondern niemals Honig aus und entbehren des Wohlgeruchs. Der Pollen wird durch Luftströmungen auf die meist stark vergrösserte Narbe übertragen. Von hydrophilen Pflanzen fehlen hier Beispiele; sie gehören fast ausschliesslich der Familienreihe der *Helobiae* (S. 22) an. — In den Tropen finden sich grosse, honigreiche Blüthen, welche regelmässig von Vögeln besucht und dabei bestäubt werden. Dass auch Schnecken gelegentlich Pollen übertragen können, ist wohl sicher, aber die Bedeutung, welche als Bestäuber die Insekten spielen, besitzt keine andere Thiergruppe. Wir finden viele Beispiele, wo die Form und Einrichtung der Blüthe völlig den Bestäubern entspricht; die meisten insektenblüthigen, entomophilen, Pflanzen werden nur von einer kleinen Gruppe von Insekten besucht, und ebenso besitzt jede Insekten-art nur einen kleinen Kreis von Pflanzenarten, welchen sie besucht. Die Blüthen insektenblüthiger Pflanzen besitzen **Schauapparate**, lebhaft gefärbte Organe, welche die Insekten anlocken; bald sind es Theile der Blüthe selbst, welche diese Funktion ausüben, — **florale Schauapparate** —, bald spricht man von **extrafloralen** Schauapparaten, wenn das Anlockungsmittel ausserhalb der Blüthe liegt, also in lebhaft gefärbten Hochblättern (*Zantedeschia*, *Salvia Sclarea*, *Astrantia*), oder wenn der Blüthenstand als ganzer die Aufgabe, als Anlockungs- mittel zu fungiren, übernimmt, die Blüthen dagegen selbst unscheinbar sind (*Rudbeckia* und die *Compositae* überhaupt, *Muscari*). Das letztere ist auch in ausgeprägtem Masse bei den Weiden der Fall. Die Insekten ihrerseits besuchen die Blüthen, um Nahrung zu sammeln; dieselbe wird ihnen geboten einmal durch Pollen, dann aber vorzugsweise durch den in den Blüthen der insektenblüthigen Pflanzen abgesonderten Honig.

Wenn der Blüthenstand als solcher als Schauapparat fun- girt, geben bisweilen einzelne Blüthen desselben ihre Bestimmung, der Fortpflanzung zu dienen, auf, und indem sie keine Staub- und Fruchtblätter mehr ausgliedern, werden sie geschlechts- los, agam. **Agame Blüthen** vermehren die Wirkung des Schau- apparates. Bei *Muscari racemosum* sind die oberen Blüthen der Traube geschlechtslos, bei *Hydrangea* und *Viburnum* die rand- ständigen; daraus erzog man Culturformen der Hortensie (*Hydrangea Hortensia*) oder des Schneeballs (*Viburnum Opulus v. roseum*) mit durchweg agamen Blüthen.

Aus dem Bisherigen wird es leicht verständlich, dass nicht selten Pollen fremder Pflanzenarten auf die Narbe gelangt. Wenn derselbe eine Befruchtung ausführt, so entsteht aus dem so gebildeten Samen eine Pflanze, welche aus der geschlecht- lichen Verbindung zweier verschiedenen Arten hervorging, ein **Bastard**. Der Bastard steht in seinen Merkmalen zwischen den Eltern. Bastarde zwischen Varietäten einer Art oder zwischen Arten einer Gattung sind häufig, solche zwischen zwei Gattungen dagegen selten; Bastarde zwischen Angehörigen verschiedener Familien existiren nicht.

Wir wenden uns nun zu dem Stück B IV (in C/D 4 des Planes), auf welchem wir zunächst an einigen Beispielen das **Verhalten der Sprosse im Verhältniss zum Muttterspross** be- obachten können. Wir haben hier die Vegetationsform des Strauches und Formen rasenbildender Pflanzen vor uns. Weitere Beispiele zeigen, wie durch gewisse Veränderungen manche Sprosse zu Vermehrungs-, beziehungsweise Verbreitungs- mitteln werden können. Schon die Brombeeren mit **an der Spitze wurzelnden Zweigen** gliedern Sprosse aus, welche auch der vegetativen Fortpflanzung dienen, wenn auch nicht ausschliesslich; etwas vollkommener erscheint die Anpassung schon dort, wo gewisse Sprosse zu **Ausläufern, Stolonen,** sich umbilden (Erdbeere, Fingerkraut, Hahnenfuss, Habichtskraut u. s. w.). Noch vollkommener erscheint ein Spross als Verbreitungsmittel, wenn er in jugendlichem Stadium als kleines Knöllchen oder Zwiebelchen ausgegliedert wird, frühzeitig abfällt, sich bewurzelt und so neue Individuen hervorbringt. Solche „Bulbillen" sitzen bei manchen Feuerlilien in den Achseln der Laubblätter, bei *Polygonum viviparum* im Blüthenstand. Die „viviparirenden" Gräser gehören auch hierher, nur dass die Bulbillen schon an der Mutterpflanze eine weitere Entwicklung erreichen. Einen ähnlichen Zweck erfüllen ferner die **Adventivsprosse**, welche auf den Blättern mancher Farnkräuter, von *Bryophyllum calycinum* u. a. Pfl. entstehen.

Ein weiteres Stück dieses Beetes führt uns verschiedene Beispiele von **Blattstellungen** vor, quirlige und spiralige, erstere mit verschiedener Gliederzahl der Quirle. Bei niederliegenden Pflanzen, die nur einseitig beleuchtet werden, fallen die Blattspreiten sämmtlich mehr oder weniger in eine Ebene.

Bekanntlich haben die Pflanzen gegenüber den Thieren die Fähigkeit zu assimiliren, d. h. das durch die Wurzel aufgenommene Wasser an den Kohlenstoff, welcher in der Kohlensäure der Luft enthalten ist, zu organischer Substanz zu binden. Dieser Vorgang findet nur bei Licht und nur in den Blättern statt, sofern dieselben grün sind, denn der Prozess ist streng gebunden an die Chlorophpyllkörper, welche sich in grosser Menge in den Zellen der grünen Pflanzenorgane vorfinden und diesen die Farbe verleihen. Es fragt sich nun, wie sich der **Spross zur Assimilation** verhält. Das typische Organ der Assimilation ist das Laubblatt, welches bald in **grossen, ungetheilten Spreiten** auftritt, bald in **vielfach zertheilten Flächen**; bei der Erbse betheiligen sich die **Nebenblätter**, welche am Blattgrunde als blattartige Verbreiterungen auftreten, lebhaft an der Assimilation, und bei *Lathyrus Aphaca* verkümmert das Blatt, und die Nebenblätter allein besorgen vorzugsweise die genannte Function.

Die Pflanzen heisser, trockener Gebiete übertragen die Assimilation von den Blättern auf den Blattstiel oder die Zweige, und damit erleiden die Blattspreiten eine Rückbildung zu kleinen, oft schuppenförmigen Gebilden, während die Achse sich lebhaft grün färbt und oft ihre Oberfläche vergrössert. Bei vielen Ginstergewächsen, *Casuarina*, Schachtelhalmen u. s. w. sind die **ruthenförmigen Zweige** das Assimilationsorgan, während die Blätter als solches nicht in Betracht kommen. Die **succulenten** (fleischigen) **Euphorbien** und **Kaktusgewächse** bilden nur kleine, leicht abfallende Schuppenblätter, dafür vergrössert sich der Stamm zu cylindrischen, säulenförmigen Gestalten. Bei *Ruscus*, *Mühlenbeckia platyclada* erscheinen sämmtliche oder nur die letzten Zweige von blattartiger Beschaffenheit, während die Blätter weitgehende Rückbildungen zeigen; sie sind zu sogenannten **Flachsprossen, Phyllocladien**, umgebildet. Sie dürfen nicht verwechselt werden mit den **Phyllodien**, blattartig verbreiterten Blattstielen, der australischen *Acacia*-Arten, welche an der Spitze des Phyllodiums noch die reducirte Spreite tragen.

Jeder der Luft ausgesetzte Pflanzentheil, sofern er nicht von einer für Wasserdampf undurchdringlichen Hautschicht bedeckt wird, verdunstet fortwährend Wasser an die Atmosphäre. Natürlich ist die Transpiration um so lebhafter, je höher die Temperatur und je trockener die umgebende Luft ist. Dieser Wasserverlust wird fortwährend ersetzt durch die Wassermengen, welche von den Wurzeln aus dem Boden aufgenommen und den transpirirenden Organen zugeführt werden. An heissen Tagen aber kann man an dem Welken der Blätter leicht beobachten, dass die verdunstete Wassermenge nicht sofort wieder ersetzt wird; und dieser Gefahr gegen allzu grosse Transpiration sind namentlich Pflanzen heisser, trockener Gebiete ausgesetzt. Bei diesen findet man interessante **Anpassungen**, welche die **Transpiration herabsetzen**; doch fehlen solche Einrichtung auch an Pflanzen unserer Flora nicht. Als einfachste Einrichtungen erscheinen die dicken (stark cuticularisirten), **lederartigen Blätter** von fester Consistenz, und die Poren (Spaltöffnungen), durch deren Mechanismus die Verdunstung geregelt wird, werden tief unter das Niveau der benachbarten Zellen eingesenkt. Gewisse Gräser, meist solche, welche die Steppenflora charakterisiren, zeigen **gefaltete oder gerollte Blätter**; die Spaltöffnungen kommen auf diese Weise in eine enge Rinne oder in einen Hohlcylinder zu liegen, wodurch natürlich die Verdunstung beschränkt wird. Derselbe Erfolg wird erreicht durch gewisse **Richtungsänderungen der Blättchen** der zusammengesetzten Blätter von *Amorpha fruticosa*, mehrerer *Oxalis*-(Sauerklee-)Arten, der Bohnen u. a. Pfl. Man kann an diesen Pflanzen leicht beobachten, wie die Blättchen bei kräftiger Besonnung sich nach abwärts schlagen, vertical stellen, damit die Mittagssonne nur einen sehr geringen Theil der Fläche treffen kann, während bei weniger intensiver Besonnung die Blättchen horizontal zu liegen kommen. Manche Pflanzen besitzen dauernd **vertical gestellte Blätter**, so die *Eucalyptus-*, *Melaleuca-*, *Banksia-*Arten Australiens; da diese Bäume zusammen mit den Casuarinen gesellig vorkommen, so ist man wohl berechtigt, von den „schattenlosen Wäldern" Australiens zu sprechen. Aus unserer einheimischen Flora bieten die Schwertlilien und *Gladiolus-*Arten Beispiele für solche Blätter. Eine gewisse Modification der vertical gestellten Blätter zeigen die sog. **Kompasspflanzen**, insofern ihre Blattspreiten mehr oder weniger in eine Ebene zu liegen kommen, welche der Meridianebene entspricht. Für die Pflanze hat dies den Vortheil, dass die Mittagssonne nur die Blattkanten trifft, während des Morgens und Abends aber die Spreiten eine erhebliche Durchleuchtung erfahren. *Silphium laciniatum* ist die berühmte Kompasspflanze der Prairien Nordamerikas. Den Jägern in den Prairien war es längst aufgefallen, dass die Blätter horizontal stehen und die eine Blattfläche gegen Osten, die andere westwärts wenden; sie benutzten dies Merkmal, um sich bei trüber Witterung zu orientiren.

Eine weitere Gruppe demonstrirt uns, wie durch eine **dichte Haarbekleidung**, eine Ausgliederung von **Oel absondernden Drüsenhaaren** oder in das Gewebe des Blattes eingesenkter Drüsen, durch **Kalkschuppen** und andere Anhangsgebilde der Oberhaut wirksame Schutzmittel gegen die schädlichen Einflüsse zu stark gesteigerter Verdunstung geschaffen werden. In den Gebieten mit grosser Trockenheit und hoher Temperatur bilden sich physiognomisch übereinstimmende Typen, welche für die „xerophile" Vegetation bezeichnend sind. Es gehören dazu ferner Sträucher mit ruthenförmigen Zweigen, oft mit verdornenden Nebenblättern und sehr reducirten Blattspreiten (*Ephedra*, *Casuarina* u. s. w.) und **succulente** Gewächse, welche theils noch Blätter bilden (*Aizoaceae*, *Crassulaceae*), theils reducirte oder zu Dornen metamorphosirte Blattorgane tragen (Kaktus, Wolfsmilcharten). Bei den succulenten Gewächsen tritt namentlich der häufige **Schleimgehalt** der Blätter noch wirksam auf.

In den verschiedensten Familien des Pflanzenreichs treten **Kletterpflanzen** auf. Das Emporsteigen an festen Stützen erfolgt entweder durch **windende Stengel** oder es sind besondere Kletterorgane vorhanden, die aus der Metamorphose anderer Organe, bald des Stengels, bald des Blattes, hervorgegangen sind. Die Richtung des Windens ist für die Pflanzenart constant, nur einige Loasen winden rechts und links; links winden die Bohne, der Nachtschatten u. a., rechts windet der Hopfen. Gewisse Pflanzen klettern vermittelst Ranken; das sind dünne, oft fadenförmige Organe, welche durch dauernde Berührung eines dünnen, festen Körpers veranlasst werden, denselben fest zu umwinden; dadurch schiebt die ganze Pflanze ihren Scheitel stetig höher empor. Solche Ranken gehen hervor aus der Umwandlung eines beblätterten Sprosses — **Stengelranken** —, wie beim Weinstock, wo die rudimentären Blätter noch deutlich wahrgenommen werden können, oder aus der Metamorphose eines Blattes — **Blattranken** (manche Schmetterlingsblüthler, Kürbis, *Clematis* u. a.). Vermittelst **Haftscheiben** klettert der wilde Wein, vermittelst **Haftwurzeln** der Epheu oder die Wachsblume (*Hoya carnosa*). Die *Smilax*-Arten, manche Rosen, *Galium Aparine* u. a. besitzen Haken, Stacheln oder Dornen, welche morphologisch Haarbildungen oder metamorphosirten Nebenblättern entsprechen.

Ein kleines Beet ist für die sog. **insektenfressenden Pflanzen** reservirt, als deren Repräsentanten hier die einheimischen Sonnenthau-Arten sich finden. Auf den mit rothen Drüsen bedeckten Blättern sieht man meistens kleine Insekten, welche von den sehr reizbaren Drüsenhaaren des Blattes festgehalten, in ausgeschiedenen Saft eingehüllt und aufgelöst werden. Dadurch wird der Pflanze eine beträchtliche Menge stickstoffhaltiger Nahrung zugeführt. Zwar hat sich ergeben, dass der Sonnenthau auch ohne „Fütterung" cultivirt werden kann, aber experimentelle Versuche haben den Nutzen thierischer Nahrung für die Pflanze unwiderleglich dargethan. Auch *Sarracenia* mit den schlauchförmigen Blättern gehört hierher.

Die insektenfressenden Pflanzen führen uns hinüber zu den **Parasiten.** Während die Thiere sich nur dadurch ernähren können, dass sie Stoffe, welche von andern Organismen gebildet sind, aufnehmen, niemals aber anorganische Stoffe zu Körperbestandtheilen ihres Organismus umwandeln, kommt den Pflanzen diese Fähigkeit zu. Darin liegt die grosse Bedeutung des Pflanzenreichs für den Haushalt der Natur; ohne die Existenz von Pflanzen wäre thierisches und menschliches Leben auf der Erde unmöglich. Die insektenfressenden Pflanzen weichen nun in ihrer Ernährung, wie oben angedeutet wurde, schon ab, noch mehr die Parasiten und **Saprophyten,** welche auf lebenden (Parasiten) oder todten (Saprophyten) Pflanzen vegetiren und diesen die zu ihrer Existenz erforderlichen Nährstoffe entziehen. Ein Theil der Parasiten ernährt sich zum Theil noch selbständig durch Assimilation — **grüne Parasiten** —, viele andere sind aber völlig von der Nährpflanze abhängig, wie alle **chlorophyllarmen** (oder chlorophylllosen) **Parasiten**. Hand in Hand mit diesen veränderten Ernährungsverhältnissen sehen wir an den Parasiten weitgehende Rückbildungen der Blattorgane zu Tage treten, wie hier die *Cuscuta-* und *Orobanche-*Arten zeigen. Eine Schädigung der Wirthspflanze ist in vielen Fällen deutlich wahrzunehmen, namentlich auch durch die hier vertretenen, wenigen Pilze.

Die Cultur der Saprophyten und Parasiten ist vielfach mit erheblichen Schwierigkeiten verbunden; die grünen Parasiten (*Rhinanthus, Euphrasia*) halten sich nicht dauernd im Garten und müssen stets wieder erneuert werden; daher wird man nicht zu jeder Zeit Vertreter finden. Nur die einjährigen Orobanchen und Cuscuten sind zu einem bleibenden Besitz des Gartens geworden. Von diesem Gesichtspunkte aus verdienen die auf S. 9 erwähnten kräftigen Stöcke der *Lathraea Clandestina* Beachtung.

Das Beet B IV wird auf der Nordseite von der **Wasserpflanzen-Anlage** begrenzt. Diese enthält zahlreiche Arten der nördl. gemässigten Zone, welche theils im Wasser, theils in Sümpfen leben, und von denen wir viele bei der Wanderung durch das „System" bereits kennen lernten. Die Sumpfpflanzen werden zumeist zwischen Torfmoos (*Sphagnum*) cultivirt, die Wasserpflanzen in flacheren oder tieferen Bassins, welche unterirdisch mit einander in Verbindung stehen. Wir finden hier drei Typen von Wasserpflanzen vor: die einen unterscheiden sich habituell von den Landpflanzen nicht; ihre Blätter und Blüthen stehen aufrecht (Kalmus, Schwertlilie, Binsen u. s. w.). Diese Arten lassen sich auch auf feuchtem Boden ausserhalb des Wassers cultiviren und schliessen sich in ihren Lebensbedingungen den Sumpfpflanzen an. Einen zweiten Typus bilden die Pflanzen, deren grosse Blattspreiten auf der Oberfläche des Wassers schwimmen. In ihren langen Blattstielen haben sie ein Mittel, der wechselnden Höhe des Wasserstandes zu folgen. Diese Pflanzen (Seerosen, Nixblumen, Froschbiss, *Salvinia* u. a.) wurzeln im Boden oder schwimmen frei im Wasser herum, gedeihen aber nicht, wenn sie völlig unter Wasser wachsen sollen. Das ist aber der Fall bei einer dritten Gruppe von Wasserpflanzen, welche untergetaucht im Wasser, festgewurzelt oder lose schwimmend, leben (*Hottonia, Ceratophyllum, Chara* u. a.). Die Blätter derselben neigen zu

weitgehender Verzweigung der Spreite in fadenförmige oder
schmal linealische Zipfel.

Leider lassen sich die einzelnen Abtheilungen der Anlage,
selbst bei grösster Sorgfalt, nicht völlig rein erhalten; gewisse
Algen, die Armleuchter-Gewächse (*Chara*), die Wasserpest (S. 22) u. a. siedeln sich schnell in fast allen Abtheilungen
an und erwecken durch ihr rapides Wachsthum die Gefahr,
die rechtmässigen Bewohner der Bassins zu verdrängen. Die
hier zahlreich lebenden Frösche mit ihrer ungebundenen Frei-
zügigkeit tragen viel zur raschen und allgemeinen Verbreitung
solcher Wasserunkräuter bei.

III. Die Abtheilung der Nutzpflanzen.

In der systematischen Abtheilung finden zwar auch die
wichtigsten Nutzpflanzen Aufnahme; um aber dem Besucher,
der sich speciell für solche Pflanzen interessirt, das Auffinden
derselben zu erleichtern, sind für dieselben besondere Quartiere
eingerichtet worden. Innerhalb derselben sind die einzelnen
Arten mit ausführlichen Etiquetten, welche Name, Vaterland,
Alter und Verwendung enthalten, versehen, so dass hier von
einer Aufzählung der einzelnen Pflanzen Abstand genommen
werden kann.

Die erste Gruppe von Nutzpflanzen ist auf dem halbkreis-
förmigen Beete vor dem Museum (N I in B 2 des Planes)
untergebracht und enthält die **ökonomisch wichtigen Gewächse**:
die Getreidearten, Hülsenfrüchte, Gemüsepflanzen,
Oelpflanzen, Färbepflanzen, Gespinnstpflanzen und
sonst technisch verwerthete Arten, sowie die Futterpflanzen.
Hier finden sich fast ausschliesslich nur solche Nutzpflanzen,
welche in unserem Klima gut gedeihen. Der Belehrung halber
sind auch hin und wieder Pflanzen beigefügt, deren Anbau
im Grossen nicht lohnt, aber welche ähnliche oder dieselben
Producte liefern. Die Gruppirung ist hier lediglich nach den
Producten erfolgt.

Die **pharmaceutisch-wichtigen Gewächse** (Beet N II und
N III in B/C 3) folgen auf einander in systematischer Reihenfolge. Es haben auf den beiden Beeten nicht nur die Pflanzen
des deutschen Arzneibuches Aufnahme gefunden, sondern auch
manche andere, welche zwar nicht mehr officinell sind, aber

durch ihren verbreiteten Gebrauch in der Volksmedicin noch Interesse beanspruchen. Die meisten Drogen stammen allerdings von tropischen Pflanzen ab, und deshalb bleibt diese Abtheilung in unserem Klima immer unvollständig. Wer sich ein vollkommeneres Bild über die Stammpflanzen unseres Arzneischatzes verschaffen will, wird das Haus der tropischen Nutzpflanzen (N in K 4) eingehend berücksichtigen müssen.

Ausserdem ist noch eine Abtheilung für **subtropische Nutzpflanzen**, welche während des Sommers bei uns im Freien aushalten, vorhanden. Sie können zwar bei uns im Freien angepflanzt werden, der Ertrag der Ernte ist aber in hohem Grade zweifelhaft und unsicher. Das kleine dreieckige Beet (N IV in J 3) ist von solchen Nutzpflanzen bestanden; die empfindlicheren Arten wachsen unter leichter Glasbedeckung in einem Kasten, der zwischen Orchideen-(O) und Farnhaus (F) liegt (K 2/3). Diese sind als Culturpflanzen für unser Klima ungeeignet und können höchstens in den wärmsten Theilen Europas gebaut werden.

IV. Die pflanzengeographischen Anlagen und Gruppen.

Kein zweiter botanischer Garten besitzt zur Zeit so ausgedehnte und correct durchgeführte pflanzengeographische Anlagen als der Berliner Garten, in welchem auf einem Raume von etwa 100 Ar die Pflanzenwelt der nördlichen gemässigten Zone in ihrer Zusammensetzung und in ihren charakteristischen Zügen dem Besucher vorgeführt werden soll. Pflanzengeographische Anlagen existiren seit geraumer Zeit in botanischen Gärten; aber man begnügte sich meist, eine gewisse Zahl Pflanzen eines Gebietes in einer Gruppe zu vereinigen. Damit ist natürlich ein Bild der Flora des Gebietes noch lange nicht gegeben. Jeder, der mit offenem Auge die Natur durchwandert hat, weiss, dass gewisse, meist sehr constante Pflanzengemeinschaften immer wiederkehren, deren beständige Zusammensetzung durch klimatische Verhältnisse, Bodenbeschaffenheit, zum Theil auch durch geologische Ursachen bedingt ist. Diese pflanzengeographischen Einheiten sind die

Formationen. Jeder Laie kennt die Formation der Wiesen, die der „sauren Wiesen", und wird bemerkt haben, dass der Pflanzenbestand beider sehr verschieden ist, an verschiedenen Orten aber im Wesentlichen sich gleich bleibt. Die Formation des öden Kiefernwaldes, den die Berliner genugsam kennen, ist anders als die des pflanzenreichen Buchenwaldes; und wie ändert sich nicht Flora und Habitus der Vegetation, wenn man von den mit Kiefern bestandenen Erhebungen des Grunewaldes zu den Torfmooren desselben herabsteigt?

Die Flora des mexikanischen Hochlandes, des Caplandes und anderer subtropischer, geschweige denn tropischer Gebiete lässt sich freilich in unserem Klima nicht naturgetreu nachbilden, schon weil die dazu erforderlichen Pflanzenarten mangeln und die charakteristischen Repräsentanten in nicht genügender Zahl und Entwickelung vorliegen. Diese Gruppen sind also nichts anderes, als decorativ angeordnete Arten eines Gebietes. Anders liegen aber die Verhältnisse, wenn man die Flora der Gebiete der nördlichen gemässigten Zone demonstriren will.

Das Klima Berlins ist für viele Pflanzen der Anlage, namentlich für die Alpenpflanzen, wenig geeignet: die trockene, heisse Sommerluft wirkt verderblich, und die geringe, leicht schwindende Schneedecke des Winters setzt dieselben der Gefahr des Erfrierens aus, so paradox das klingen mag. An ihren natürlichen Standorten erfreuen sich die Alpenpflanzen den ganzen Winter hindurch des Schutzes einer mächtigen Schneedecke; bei uns schmilzt im Winter der Schnee leider nur zu oft fort und die blossgelegte Vegetation, die überdies unter der Wirkung warmer Wintertage leicht treibt, ist der kalten Atmosphäre schutzlos ausgesetzt. Daher bedeckt man die Alpenpflanzen im Spätherbst reichlich mit Nadelholzzweigen.

A. Nord- und Mitteleuropa, nebst Centralasien.

1. Flora der deutschen Ebene und des Vorgebirges.

Wenn man vom Eingang kommend den im System entlang führenden Weg bis zu dem für die Seerosen bestimmten Bassin verfolgt und von hier aus in die links vom Braundenkmal gelegene Waldpartie eintritt, so stösst man zunächst auf die im beigegebenen Plan mit A 1 (in E 5) bezeichneten Quartiere, welche den **Mischwald der Ebene** repräsentiren. Hochstämmige Ulmen, Eichen, Hainbuchen, dazwischen Schwarzpappel, wilder Birn- und Apfelbaum, bilden ein schirmendes Dach, unter dessen Schatten eine üppige Staudenvegetation sich entwickelt (Maiglöckchen, Einbeere u. s. w.), während an den lichteren Stellen viele bekannte Frühjahrspflanzen (Schneeglöckchen, Anemonen, Lungenkraut u. s. w.) dem Boden entspriessen. Den Rand dieses Mischwaldes bildet ein Busch- und Strauchwerk korkbildender Ahorne und Ulmen, begleitet von *Salix cinerea, Prunus Padus, Viburnum Opulus, Rosa canina*, zwischen denen mächtige Stauden wuchern. Ein anderes Bild gewährt der dem Mischwald gegenüberliegende **Buchenwald der Ebene.** Es sind fast reine Buchenbestände, in denen als Unterholz charakteristisch sind: *Daphne Mezereum* (Seidelbast), *Ribes nigrum, rubrum* (Johannisbeere), *Evonymus verrucosa, Lonicera Xylosteum.* Eine grosse Zahl Stauden begleitet fast regelmässig den Buchenwald (Leberblümchen) und verleiht ihm sein eigenthümliches Gepräge; viele derselben finden eben nur hier ihre Standorte.

Rechts vom Buchenwalde markirt sich durch die grosse Einförmigkeit seiner Zusammensetzung der **Kiefern-** und **Birkenwald**, dessen artenarme Staudenvegetation die sterile Beschaffenheit des Bodens verräth. Wir betreten zwischen beiden Formationen, nach links abbiegend, den schmalen Pfad, der uns in langsam aufsteigenden Windungen den vor uns sich aufbauenden Gebirgen näher bringt. Der Kiefernwald zu unserer Rechten geht allmählich in die offene **Haide** über, eine Formation, in welcher nur vereinzelt Birken, Kiefern und Wachholderbüsche stehen, während unser Haidekraut, *Calluna vulgaris*, in dichten Büschen den Boden bedeckt. Harte, oft blaugrün gefärbte Gräser bilden vereinzelte Rasen, zwischen denen Küchenschellen, *Helichrysum arenarium, Antennaria dioica, Artemisia campestris* u. a. sich ansiedeln.

Während rechts noch immer die mannigfaltige Flora des Buchenwaldes uns erfreut, überschreiten wir auf einer primitiven Brücke ein **Hochmoor**, dessen Flora uns lebhaft an die Fenn-Niederungen des Grunewaldes erinnert. Die Hochmoore bilden wie die offenen Haiden eine wichtige Formation des norddeutschen und baltischen Tieflandes und sind in ihrer Zusammensetzung in hohem Grade beständig.

Unser Weg durchquert nun **Auen der Ebene**, welche von einem künstlichen Bache durchflossen werden; derselbe speist das eben erwähnte Hochmoor, in dem er endet. Es sind Weidengebüsche, zwischen denen sich grössere oder kleinere Wiesenflächen mit ihrer charakteristischen Flora ausdehnen.

Das Auftreten von Beständen der *Salix daphnoides* und *Hippophäe* verräth, dass diese Auen einer Gegend angehören, die am Fusse der Alpenkette liegt. Nachdem wir den Bach zum zweiten Male überschritten haben, treten wir in die Flora des Vorgebirges ein (AaII) und finden zunächst die blumenreiche Formation der **Vorgebirgswiese** (*Trollius europaeus*, *Geranium silvaticum*, *Myrrhis odorata*, *Cirsium rivulare*, *heterophyllum*, *Polygonum Bistorta*, *Veratrum*, Orchideen; an trockenen Stellen: *Arnica montana*, *Primula elatior* u. a.). Der **Vorgebirgswald** unserer Alpenländer besteht in den niedrigeren Regionen vorzugsweise aus Laubwald, deren vorherrschender Baum die Buche ist; höher hinauf folgt eine geschlossene Zone Nadelwald, gebildet aus Fichten- und Tannenbeständen. Das charakteristische Strauchwerk, das im hochstämmigen Walde das Unterholz bildet, besteht aus *Lonicera nigra*, *Atropa* (Tollkirsche), *Ribes Grossularia* (Stachelbeere) u. a., während *Sambucus racemosa*, (Traubenhollunder) *Evonymus verrucosa*, *Ribes alpinum*, *Acer Pseudo-Platanus*, (Bergahorn), *Pirus Aucuparia* (Eberesche) u. a. mehr oder weniger den Buchenwald bevorzugen. An charakteristischen Stauden der Vorgebirgswälder fehlt es nicht; doch zeigt sich auch hier wiederum der überwiegende Reichthum des Buchenwaldes vor den Nadelwäldern, die nur an lichteren Stellen eine üppigere Vegetation krautiger Gewächse besitzen, im Dunkel geschlossener Bestände aber artenarm erscheinen. Im Frühjahr blüht hier *Galeobdolon luteum*, *Lamium maculatum*, *Cypripedium*, *Euphorbia dulcis*, der Waldmeister, die Dentarien, ihnen folgen im Sommer der rothe Fingerhut und gegen den Herbst das Alpenveilchen, *Cyclamen europaeum*.

Ehe wir aus dieser Region, welche den in unseren Alpen entwickelten Vegetationsverhältnissen nachgebildet ist, weiter emporsteigen, schreiten wir, nach rechts abbiegend, zur Besichtigung:

2) **der Sudeten** (A 2 in C/D 5). Der Unterschied in der Flora der West- (**Riesengebirge**) und Ost-Sudeten (**Gesenke**) wird dadurch bezeichnet, dass das Riesengebirge etwa 50 Arten vor dem Gesenke voraus hat (*Anemone alpina* [Teufelsbart], *Geum montanum*, *Primula minima*, 4 *Saxifraga*, Knieholz u. a.), während anderseits etwa 30 Gesenkpflanzen dem Riesengebirge fehlen (*Aconitum Lycoctonum*, *Saxifraga Aizoon*, *Aster alpinus*, *Gentiana verna*, *Salix hastata* u. a.). Von allen anderen mitteleuropäischen Gebirgen kommen dem Riesengebirge aber allein zu die im arktischen Gebiet verbreiteten *Saxifraga nivalis*, *Pedicularis sudetica* und *Rubus Chamaemorus*!

3) Die **skandinavischen Gebirge** (A 3 in D 5) sind den
Sudeten quer vorgelagert. In Skandinavien fehlt das Knieholz, dafür erreichen niedrige Weiden (*Salix Lapponum,
lanata, herbacea* u. s. w.) und ein fast kriechender Wachholder (*Juniperus nana*) mit der Zwergbirke eine weite
Verbreitung. Von den Stauden werden wir viele noch in den
übrigen Hochgebirgen antreffen; aber Edelweiss, Alpenrosen u. a. Arten fehlen hier; an ihre Stelle treten einzelne
arktische Arten, die südwärts über Skandinavien nicht hinaus-
gehen (*Diapensia lapponica, Rubus arcticus* u. a.).

Wir kehren nunmehr an die Stelle zurück, von welcher
aus wir den Abstecher nach den Sudeten und skandinavischen
Gebirgen unternommen hatten, und verfolgen den ursprünglich
eingeschlagenen Weg weiter aufwärts, um

4) die **subalpine und alpine Region der Alpen** kennen
zu lernen. Der geschlossene Fichtenwald löst sich beim
höheren Emporsteigen in lockere, kleinere Gruppen niedriger
Stämmchen auf, die hier heimische *Larix* tritt noch hinzu,
und wir gelangen in die subalpine Region der Alpen.
Längs des Baches hat sich das typische Buschwerk subalpiner Weiden, deren Bestände mit Alpenrosen-Gebüschen
abwechseln, angesiedelt, und hohe Stauden wuchern dazwischen
(*Aconitum Napellus* (Eisenhut), *Rumex alpinus, Saxifraga rotundifolia, Mulgedium alpinum, Streptopus*); hier und da wachsen
Soldanella, Viola biflora und kleinere Kräuter; an trockenen
Stellen setzt sich das Buschwerk aus *Rosa ferruginea* und
alpina, Lonicera alpigena, Rhamnus alpina u. a. zusammen; derselben Region gehören auch die oft sehr ausgedehnten Knie-
holzbestände (Legföhre, *Pinus Pumilio*) an.

Die alpine Region der europäischen Hochgebirge zeigt
allenthalben habituell dasselbe Aussehen. Felsenpflanzen
und Arten grasiger Matten herrschen vor und bilden eine
niedrige Vegetation, die nur an feuchte oder durch Vieh-
wirthschaft gedüngten Stellen eine grössere Ueppigkeit erlangt.
Die alpinen Matten werden, soweit das hier befindliche Geröll
nicht hindert, von kurzhalmigen Rasen gebildet, zwischen dem
schönblühende Stauden wuchern. Die Stauden liegen mit
ihren Blättern und Stengeln dem Boden meist an, bilden häufig
gedrängte Rosetten, und die Grösse ihrer intensiv gefärbten
Blüthen erscheint bei den geringen Grössenverhältnissen ihrer
Blätter sehr auffällig. Bildung von Ausläufern oder Bulbillen
(*Polygonum viviparum*) und sonstige Anpassungen an vegetative
Vermehrung sind häufig; einjährige Arten fehlen fast ganz;

alles Einrichtungen, um eben bei durch Wetterungunst bedingtem Ausbleiben der Samenreife den Pflanzenbestand der alpinen Zone nicht zu gefährden. Die wenigen vorhandenen Holzgewächse, als deren Typus die Gletscherweiden oder Dryas gelten können, besitzen mehr den Habitus kriechender Stauden, als den von Sträuchern. Kaum hat die warme Frühjahrssonne den Schnee geschmolzen, so entwickelt sich in der alpinen Zone ein Blumenreichthum, der auch den Laien erfreut. Es empfiehlt sich daher namentlich der Frühling zur Besichtigung der Anlage in erster Linie, während im Sommer viele alpinen Gewächse nur in fruchtendem Zustande beobachtet werden können.

Am Fusse der vor uns sich aufbauenden Steinpartien liegt eine **Alpenwiese**, während die **Felsenpflanzen** unserer Alpen auf jenen Steinpartien selbst untergebracht wurden, ihrem natürlichen Standort gemäss, bald in Felsritzen, bald in losen Steinschutt, bald auf glattes Gestein gepflanzt. Die alpine Flora gliedert sich in drei, namentlich durch das Substrat bedingte Bezirke, die **Centralalpen**, die **nördlichen** und **südlichen Voralpen**, und demzufolge sind auf der mittelsten, aus Granit und Urgestein bestehenden Kette der drei parallel verlaufenden Züge die Pflanzen der Centralalpen, auf den beiden äusseren, aus Kalk bestehenden Ketten die Pflanzen der Voralpen untergebracht.

Die über die ganze nördliche Voralpenkette ziemlich **allgemein verbreiteten Arten**, wie der Alpenmohn, die Alpenaster, die Aurikel, *Gentiana Clusii*, *Rumex scutatus*, *Salix reticulata* u. a., sind in der Mitte der Felspartie zu beiden Seiten des Baches untergebracht; die links liegende Partie ist für die westlichen, die rechts liegende für die östlichen Voralpen bestimmt. Bekanntlich bildet das Innthal eine scharfe pflanzengeographische Linie in den nördlichen Voralpen, welche gewisse Arten nicht überschreiten. So sind beispielsweise *Primula Clusiana*, *Companula alpina*, *Callianthemum anemonoides* nur östlich des Innthales, *Primula integrifolia*, *Cephalaria alpina*, *Hypericum Richeri* nur westwärts desselben anzutreffen. Daher demonstriren die links gelegenen Partien der Anlagen die Flora der **nördlichen Schweiz und des Jura**, die rechts gelegenen die **Flora der Bayerischen und Nordtyroler Alpen**, von der die Flora der **Salzburger und Niederösterreichischen Alpen** wiederum verschieden ist. Auch innerhalb der Centralalpen wurde eine weitere Gliederung vorgenommen. Der ganze, gegen die nördlichen Voralpen gelegene · Abhang wurde für die **allgemein verbreiteten** Centralalpenpflanzen reservirt (*Thalictrum foetidum, Ranunculus glacialis, Dianthus glacialis, Epilobium Fleischeri, Hieracium alpicola,* viele **Steinbrecharten**, *Rhododendron ferrugineum* u. s. w.); der südliche Abhang enthält solche, deren Verbreitung eine localisirte ist, und danach gliedert sich die Flora in drei Bezirke, Flora der **westlichen, mittleren** und **östlichen Centralalpen.** Letztere sind am artenreichsten, und wir machen namentlich aufmerksam auf *Wulfenia carinthiaca,* eine *Scrophulariacee,* die ausserhalb des Gailthals in Kärnthen nirgends anderwärts vorkommt.

Die südlichen Voralpen haben kalkiges Substrat und mit den nördlichen Voralpen manche Arten gemein, die den Centralalpen fehlen, anderseits treten hier aber so zahlreiche neue Formen hinzu, dass die südlichen Voralpen weitaus das grösste botanische Interesse beanspruchen. Die **allgemein verbreiteten** Arten befinden sich dem von der anderen Seite aufsteigenden Wege zunächst; rechts und links gelangt die Flora der **insubrischen Alpen, von Judicarien,** der **südtyroler Dolomitalpen,** der **venetianischen, julischen** und **dinarischen** Alpen zur Darstellung, an die sich schliesslich die Gebirgsflora von **Bosnien** und der **Herzegovina** anschliesst.

Es giebt eine Anzahl Alpenpflanzen, deren Gedeihen völlig unabhängig vom Substrat sich erweist, die sowohl auf Kalk, als Urgestein vorkommen und deren Standorte über die ganzen Alpenländer verbreitet liegen (*Ranunculus Thora, Cerastium alpinum, Campanula barbata, Carex frigida* u. a.). Solche Pflanzen werden in der Anlage zur Ausfüllung von Lücken benutzt, während die Arten, wie *Arabis alpina, Leontopodium* (Edelweiss), welche in den Alpen Kalkgestein bevorzugen, aber auch stellenweise auf Urgestein wachsen, hier für die Flora der Voralpen reservirt wurden.

5. **Die Hochgebirgsflora der Pyrenäen** (A 5 in D 6) schliesst sich an die Westalpen an und zeigt ausser einer grösseren Zahl von Arten, die wir schon in den Alpen kennen lernten (*Erinus alpinus, Horminum pyrenaicum,* Edelweiss, *Campanula barbata, Ranunculus Thora*) viele endemische, d. h. auf das Gebirgssystem beschränkte Arten, von denen wir namentlich auf *Ranunculus amplexicaulis, Meconopsis cambrica, Ramondia pyrenaica* und einige Saxifragen aufmerksam machen.

Wenn wir von den Pyrenäen aus am Fusse der südlichen Voralpen entlang gehen, um die wenigen, dort angebrachten

subalpinen Arten jener Flora kennen zu lernen, stossen wir
auf eine Abzweigung, welche

    6. **die Hochgebirgsflora des Apennin** aufnehmen soll.
Bekanntlich ist dies Gebirgssystem arm an alpinen Pflanzen,
und namentlich fällt uns das fast gänzliche Fehlen der alpinen
Anemonen, Ranunkeln, Draben, Primeln, Leguminosen, Semper-
viven u. a. gegenüber den Alpen sofort auf; aber doch sind
nicht wenige Arten beiden Gebirgssystemen gemeinsam (*Helios-
perma quadrifidum, Sibbaldia, Dryas, Geum montanum*, manche Saxifragen u. s. w.), und von den wenigen, den Alpen fehlenden
Repräsentanten seien genannt *Potentilla apennina, Sedum magellense*
und *Saxifraga lingulata.*

    7. An die westlichen Alpen schliessen sich die **Karpathen**
(A 7 in C 5) an. Die Hochgebirgsflora dieses ausgedehnten
Gebirgszuges zerfällt in vier Abschnitte, deren erster die
Liptauer Kalkalpen umfasst; an diese schliesst sich der
Granitstock der **Central-Karpathen** (Hohe Tatra) an; ihm
folgen die **Zipser Kalkalpen** und endlich die **Siebenbürgischen
Karpathen.** Letzterer Bezirk ist zweifelsohne der arten-
reichste und interessanteste; seine pflanzengeographischen Be-
ziehungen verbinden ihn nicht nur mit den südöstlichen Alpen
und dem Balkan, sondern es finden sich bereits Anklänge an
die vorderasiatischen Hochgebirge. Dass eine nicht geringe
Zahl von Arten die ganze Karpathenkette bewohnt, vom
Liptauer Comitat bis Siebenbürgen, ist leicht verständlich;
viele, wie *Campanula carpathica, Dryas, Hieracium Tatrae,* Edel-
weiss u. a., meiden dabei nur den Granitstock der Tatra.
Trotz ihrer viel bedeutenderen Erhebung bleibt die Hohe
Tatra gegen die Mannigfaltigkeit und den Reichthum der
Flora in den Kalkalpen der Liptau und Zips weit zurück.
Interessante Arten endemischer Karpathenpflanzen sind:
*Ranunculus carpathicus, Melandryum Zawadskyi, Waldsteinia trifolia,
Saxifraga carpathica, Leucanthemum rotundifolium, Brukenthalia spiculi-
flora* u. s. w.

    Die Zirbelkiefer, *Pinus Cembra,* welche in bedeutender
Höhe, in und noch oberhalb der Knieholzregion, zu einem
stattlichen Baume heranwächst, ist den Alpen und Karpathen
gemeinsam und tritt sonst übrigens nur noch im nördlichen
Ural und westlichen Sibirien auf. Während die westlichen
Karpathen, wie dies bei der nahen Lage leicht verständlich
ist, in engen Beziehungen stehen zu den nordöstlichen Alpen,
repräsentirt

    8. **die Hochgebirgsflora des Balkan** und der **griechischen**

Gebirge (A 8 in C 6), ihrer Zusammensetzung nach ein Binde-
glied zwischen der Alpenflora und derjenigen der vorderasiatischen Hochgebirge. Letztere Beziehung wird klar durch
das Auftreten einer Kiefer des Balkans, *Pinus Peuce*, deren
nächste Verwandte den Himalaya bewohnen. *Valeriana alliarii-
folia, Aubrietia deltoidea* u. a. weisen gleichfalls auf diese Verwandtschaft hin; dagegen fehlt es auch nicht an zahlreichen An-
knüpfungspunkten mit der Alpenflora (namentlich der Flora
der südöstlichen Alpen) und an endemischen Typen; von
letzteren erwähnen wir nur *Ramondia serbica, Jankaea* und *Haber-
lea rhodopensis*, drei *Gesneraceae*, die in Europa mit Ausnahme
der pyrenäischen *Ramondia pyrenaica* sonst fehlen. Die in
Serbien, Montenegro und Bosnien vorkommende *Picea Omorika*
ist hier in kleinen Exemplaren angepflanzt; *Abies Apollinis* bildet
in den griechischen Gebirgen Wälder.

9. Die Flora des **pontischen Gebietes**, von Kleinasien
westwärts bis zum östlichen Galizien und fast bis zum Fuss
der Alpen sich ausdehnend, ist arm an immergrünen Phane-
rogamen, aber reich an eigenthümlichen Arten von Holzgewächsen, welche ausgedehnte Wälder bilden. Die mit A 9a
bezeichneten Quartiere (B/C 6) bringen zunächst die Formation des

a) **pontischen Laubwaldes** zur Darstellung. Gebildet von
Quercus pubescens und *Cerris* (Zerreiche), der Silberlinde
(*Tilia argentea*), Hopfenbuche (*Ostrya*), der edlen Kastanie,
enthält er ein reiches Unterholz von wildem Apfelbaum,
Hollunder, *Corylus tubulosa* (Lambertnuss), während an
lichteren Stellen *Acer tataricum, Viburnum Lantana, Cotinus* u. s. w.
Gebüsche bilden. *Veratrum nigrum, Lychnis Coronaria, Melica
altissima, Phlomis tuberosa, Paeonia tenuifolia, Lithospermum coeruleo-
purpureum, Waldsteinia geoides* gehören zu den schönsten Stauden
dieser Formation. Auf asiatischem Boden erlangt die Formation in Holzgewächsen und Stauden ihre reichste Entwickelung.

b) Der **Schwarzkieferwald** (A 9 b in C 5) des pontischen Gebietes, gebildet von *Pinus austriaca* und nur spärlicher
Staudenvegetation, ohne Unterholz, geht gegen die Steppe zu
allmählich in die **Wachholderformation** über. *Juniperus
communis*, vergesellschaftet mit der Berberitze, dem Schleh-
dorn, mehreren *Cytisus*-Arten, der Zwergmandel und einigen
Spiräen, dazwischen einige Stauden, welche schon Steppen-
charakter tragen, bilden eine Art Buschwerk, das sich in
Ungarn zwischen die baumlose Steppe und die waldreichen
karpathischen Gebirge einschaltet; hier und da, wo die

Sträucher zurücktreten, entwickelt sich die Formation der. sog. **Süssholzflur.**

c) Die **danubische Steppe** (A 9c in C 5) entbehrt der Bäume völlig, und nur *Cytisus biflorus* und *austriacus* begleiten, ohne den Charakter der Baumlosigkeit zu stören, die Vegetation, welche an excessiv heisse Sommer und kalte Winter angepasst ist. Die Stauden, theils perennirend, theils einjährig, besitzen meist schmale, starre Blätter, erscheinen mehr graugrün als grün und blühen im zeitigen Frühjahr schnell auf, um eben so rasch ihre Thätigkeit zu vollenden. Zu derselben Zeit, zu welcher bei uns die Vegetation noch Tausende von Blüthen erzeugt, ist die Steppe längst ein abgestorbenes Land, über welchem fahlgraue Halme wehen. Tonangebend sind über weite Strecken Gräser (*Stipa pennata, capillata, Andropogon Gryllus*), die aber nirgends einen geschlossenen Rasen bilden, sondern allenthalben das nackte Erdreich durchschimmern lassen. Die pflanzengeographische Wanderung hat uns ganz allmählich den

10. **vorderasiatischen Hochgebirgen** genähert (A 10 in B 5/6), welche sich leicht in folgende Bezirke gliedern: **bithynischer Olymp, West- und Ostkaukasus, pontische Gebirge, Armenien, Libanon** und **Taurus.** Je weiter wir uns von den Alpen entfernen, desto undeutlicher werden die verwandtschaftlichen Beziehungen der Flora; anfangs sind es noch zahlreiche gemeinsame Arten, welche sie zum Ausdruck bringen, deren Zahl schwindet aber immer mehr, nur der Kaukasus und der bithynische Olymp besitzen deren noch mehrere (*Aster alpinus, Erigeron uniflorus, Gnaphalium norvegicum, Saxifraga muscoides* u. s. w.), aber dieselben treten stark zurück gegen die Menge neuer Typen, welche hier der Vegetation ein anderes Aussehen verleihen. (*Papaver, Primula, Veronica, Helleborus, Puschkinia, Aubrietia, Physochlaena* u. s. w.). Die subalpinen Wälder konnten hier nur andeutungsweise dargestellt werden durch eine Gruppe Nordmannstannen und *Picea orientalis*, zwischen welchen grossblumige Alpenrosen (*Rhododendron caucasicum, ponticum* und *flavum*) ihre Blüthen entfalten.

11. **Der Himalaya** (A 11 in B 5/6.). Wenngleich die botanischen Gärten eine an sich ziemlich bedeutende Zahl alpiner Arten des Himalaya cultiviren, so reichen letztere doch bei weitem nicht aus, um ein vollständiges Bild der Hochgebirgsflora dieses mächtigen Gebirgszuges zu entwerfen. Man muss sich hier beschränken, eine Sammlung alpiner und subalpiner Arten gleicher Heimath zusammenzustellen. Es unter-

liegt keinem Zweifel, dass in pflanzengeographischer Hinsicht eine Gliederung des Gebirges sich vorfindet, und gewöhnlich trennt man den **östlichen Himalaya** (Sikkim), der durch den Reichthum und die Mannigfaltigkeit seiner Flora sich auszeichnet, von dem **West-Himalaya** ab, dessen pflanzengeographische Beziehungen mehr auf die vorderasiatischen Hochgebirge hindeuten; eine noch ausgesprochenere Mittelstellung zwischen beiden Gebirgssystemen nehmen die turkestanischen Alpen ein. Aus der subalpinen Region des Himalaya sind es die zahlreichen *Rhododendron*, welche ihrer grossen Blüthen wegen seit langer Zeit beliebte Zierpflanzen des Kalthauses geworden sind; beachtenswerth sind auch die eigenthümlichen *Delphinium-, Polygonum-, Androsace-, Potentilla-* und *Bergenia*-Arten, vor allem aber der reiche Primelflor in Sikkim. Die Ceder des Himalaya, *Cedrus Deodara*, ist nicht identisch mit der Libanon-Ceder.

12. Im **Altai** (A 12 in B 5) ist die Zahl arktisch-alpiner Arten, d. h. solcher, deren Verbreitung gleichzeitig in's arktische Gebiet und die Hochgebirge der nördlichen gemässigten Zone fällt, eine erheblich grössere als im Himalaya. *Sagina Linnaei, Androsace villosa, Viola biflora, Anemone narcissiflora, Sibbaldia, Dryas, Polygonum viviparum* u. s. w. gehören hierher, Arten, die wir schon wiederholt bemerkt haben. Dagegen begrüssen uns hier als charakteristische Formen *Primula cortusoides, Viola altaica, Coluria geoides, Scutellaria lupulina, Leontice altaica.* Von subalpinen Stauden beachte man *Cacalia hastata, Ligularia sibirica, Rheum Rhaponticum* und die *Bergenia*-Arten.

13. Die **subarktische sibirische Waldflora** (A 13a in B 6) besteht an den Abhängen des Ural und weiter ostwärts vorwiegend aus **Nadelwald**, und dieser Bezirk, dessen charakteristische Nadelhölzer *Abies Pichta, Larix sibirica* und *Picea „obovata"*, eine geographische Varietät unserer gewöhnlichen Fichte, sind, erstreckt sich auch über das nordöstliche Russland bis Finnland; an den Abhängen des Ural tritt die Zirbelkiefer, *Pinus Cembra,* noch hinzu. Der **Laubwald** dieses Gebietes ist in seiner Zusammensetzung sehr constant (*Betula pubescens, Populus tremula, Alnus incana, viridis, Prunus Padus, Pirus Aucuparia*), und als Unterholz werden *Rosa acicularis, Alnus fruticosa,* mehrere Weidenarten u. s. w. beobachtet. Je weiter wir ostwärts vordringen, in umso höherem Maasse überwiegt der Laubwald über den Nadelwald; er wird in seiner Zusammensetzung artenreicher und mannigfaltiger, auch in seiner Staudenvegetation, und zeigt bereits deutliche Anklänge an die

ostasiatische Flora. Die höchste Entwickelung erreicht dieser Wald im Amurgebiet, das jedoch schon besser dem ostasiatischen Florengebiet zugetheilt wird.

An den Altai lehnt sich im Norden die **centralasiatische Steppe** (A 13b in B 5) an. Diese Formation geht in den Gebirgen Centralasiens hoch hinauf nnd einerseits in die alpine Region derselben, andererseits allmählich in die Waldflora über. Diese Flora ist reich an grossen Stauden (*Heracleum*, *Rheum* [R h a b a r b e r], *Astragalus*), enthält aber auch strauchige Formen, wie die C a r a g a n e n, *Halimodendron*, *Potentilla fruticosa*, mehrere Spiräen, *Gypsophila* u. s. w.

B. Das Mittelmeergebiet

ist in seiner Flora am Südfuss der südlichen Voralpen auf den mit B 1 bezeichneten Beeten (in C 6) untergebracht.

Jenseits der Pyrenäen, Alpen, des Gebirgssystems des Balkan, an den Küsten Kleinasiens und Nordafrikas entwickelt sich eine Flora, die von der unserigen so sehr abweicht, dass schon der Laie beim ersten Anblick davon überzeugt wird. Nicht zum geringsten Theil veranlassen diesen Eindruck die **Culturpflanzen** des Mittelmeergebietes, die theils der Ernte wegen (W e i n, M a i s, R e i s, C i t r o n e n, A p f e l s i n e n, an den wärmsten Stellen auch B a u m w o l l e und B a n a n e n), theils als decorative Zierpflanzen (D a t t e l p a l m e) gebaut werden; aber auch das Ueberwiegen der immergrünen Gehölze, deren Existenz durch heisse Sommer und milde, regenreiche Winter ermöglicht wird, fällt jedem sofort auf. Diese Gehölze bilden zwar Wälder (*Quercus coccifera* und *Ilex*), treten aber meist als etwa mannshohe Buschwälder, sog. **Macchien,** auf, in denen *Arbutus Unedo*, *Myrtus communis* (M y r t e), *Laurus nobilis* (L o r b e e r), *Olea europaea* (O e l b a u m), *Nerium Oleander* (O l e - ander), *Ceratonia Siliqua* (J o h a n n i s b r o d b a u m) u. a. vorherrschen; im südlichen Spanien und in Algier bedeckt *Chamaerops humilis*, Z w e r g p a l m e, grosse Flächen — **Chamaerops-Gebüsch.** Die Zusammensetzung der Macchien wechselt nach Lage und Standort ziemlich bedeutend; bisweilen reich an Arten, werden sie an anderen Stellen nur von einer einzigen oder wenigen Arten vornehmlich gebildet, wie die **Ericaceen-Macchia,** die **Genisteen-Macchia** oder **Cistus-Macchia** uns lehren. In den trockeneren Theilen des Mittelmeergebietes (Centralspanien, Syrien, Persien) gehen die Macchien sogar in Steppen über. Im Frühjahr entspriessen in den Macchien zahlreiche Zwiebelgewächse (*Allium*, Narcissen, Tulpen u. s. w.) dem Boden, denen später viele einjährige Gewächse folgen; das Unterholz in den hochstämmigen Wäldern bilden *Ruscus*, *Viburnum Tinus*, denen sich als Kletterpflanze *Smilax* anreiht. Unter den **Felsenpflanzen** spielen graufilzige Lippenblüthler und Korbblüthler die Hauptrolle; auch *Acanthus*-Arten entwickeln hier ihre charakteristischen Blätter, die wir an den Kapitälen korinthischer Säulen wiedererkennen. *Opuntia* und *Agave*, beide aus Centralamerika stammend, haben seit mehreren Jahrhunderten Bürgerrecht erworben. Unter den **Strandpflanzen** machen wir auf *Euphorbia Myrsinites* und *Vitex* aufmerksam.

Die Azoren, Madeira, die Canaren, die man als **Makaronesien** (B 2 in D 6) zusammenfasst, haben zwar viele Züge mit der Mittelmeerflora gemein, zeigen aber noch deutlichere Beziehungen zur tropischen Flora, namentlich auch solche zu Südafrika. Wir erinnern an den Drachenbaum (*Dracaena Draco*), die cactusähnliche *Euphorbia canariensis*, das Auftreten von mehreren *Lauraceae*. Charakteristisch sind auch die strauchigen Vertreter aus den Gattungen *Echium*, *Sempervivum*, *Euphorbia*, *Sonchus* u. s. w., die im Mittelmeergebiet nur in krautigen Vertretern entwickelt sind.

C. Extratropisches Ostasien.

Bei unserer Wanderung konnten wir wiederholt die auch noch weiter zu bemerkende Thatsache constatiren, dass gewisse Arten in räumlich weit von einander getrennten Gebirgen auftreten oder durch ihnen nahe verwandte Arten vertreten werden. Die Frage, wodurch diese eigenthümliche Erscheinung zu erklären sei, lässt sich kurz etwa so beantworten. Zwischen der Tertiärperiode der Vorzeit und der gegenwärtigen Erdepoche liegt die Eiszeit. Während derselben trat in der nördlichen gemässigten Zone eine Temperaturerniedrigung ein, durch welche die Existenz und das Anwachsen bedeutender Gletscher in den Gebirgen und mächtiger Inlandeismassen ermöglicht wurde. Zu der damaligen Zeit, deren Klima in der norddeutschen Ebene etwa dem jetzigen Grönlands entspricht, war das Gedeihen der mannigfaltigen Waldflora der Tertiärzeit nicht mehr möglich; diese Flora musste zum grössten Theil südwärts an geeignete Standorte wandern, oder, wo Schranken, wie mächtige, vereiste Gebirge, die Wanderung hinderten, zu Grunde gehen. Der so frei gewordene Boden

4*

aber bevölkerte sich mit einer Flora, deren Arten aus den
vergletscherten Hochgebirgen der nördlichen gemässigten Zone
und dem arktischen Gebiet eingewandert waren. Später, als
die Temperatur wieder stieg, verschwand die Flora die Eiszeit
immer mehr, stieg in die alpine Region der Hochgebirge wieder
auf und drang in's arktische Gebiet ein, nur wenige Spuren
an geeigneten Standorten zurücklassend, wie z. B. auf den
Hochmooren des baltischen Tieflandes. So erklären sich die
verwandtschaftlichen Beziehungen der Gebirgsfloren verschiedener Gebiete.

Die tertiäre Waldflora war, soviel wir aus vielen erhaltenen
Resten wissen, in der ganzen nördlichen gemässigten Zone eine
ziemlich übereinstimmende. Die Eiszeit verwischte diese Gleich-
artigkeit in hohem Maasse; denn nicht überall war eine Süd-
wärts-Wanderung möglich, und die Intensität der Vergletscherung
war eine ungleichmässige. In Europa und Centralasien ver-
nichteten die ost-westwärts streichenden Gebirgsketten zum
grössten Theil die tertiäre Waldflora, indem sie die Südwärts-
wanderung hemmten, in Ostasien und Nordamerika erleichterte
der meridionale Verlauf der Gebirge die Wanderung. Daher
sind die Beziehungen der europäischen und centralasiatischen
Flora zur Tertiärzeit weit verwischter als im Mittelmeergebiet, das ausserhalb der Vergletscherung lag, und als in
Nordamerika und in Ostasien; so erklären sich auch die nahen
Beziehungen der japanischen Flora zu der Nordamerikas, zumal des östlichen Nordamerikas, wo die Vergletscherung eine
unbedeutende war, gegenüber den Eismassen der Rocky Mountains. Jetzt, wo in Europa ähnliche Temperaturverhältnisse
herrschen, wie vor der Eiszeit, gedeihen amerikanische und
japanische Gehölze, deren Verwandte zur Tertiärzeit auch in
Europa wuchsen, meistens sehr gut.

Grosse Mannigfaltigkeit in der Zusammensetzung der
Flora, ein grosser Reichthum an Holzgewächsen und Beziehungen zur tropischen Flora Asiens sind die Hauptcharakter-
züge der japanischen Flora. Als ein Uebergangsgebiet zwischen
ostsibirischer Vegetation und japanischer Flora tritt uns

1. das **Amurgebiet** mit seinen artenreichen Laub-
wäldern und üppigen Stauden entgegen C 1 (in A/B 4/5),
während die eigentliche

2. **japanische Flora** die nördlich davon gelegenen Beete
einnimmt. Hier finden wir zunächst den **sommergrünen
Laubwald der unteren Region** C 2a (in A 4), gebildet aus
zahlreichen Arten von Eichen, Ahornen, ferner Ulmen,

Linden, Birken, Magnolien, *Castanea* u. a., zwischen denen als Unterholz *Rhus*, *Cornus*, *Diervilla*, *Lonicera* und die kletternden *Actinidia* und *Akebia* wachsen. Dieser Region gehört auch der in Japan cultivirte Gingkobaum an. Während *Taxus* und *Torreya* eingestreut im Laubwalde auftreten, bilden Cryptomerien, *Thujopsis dolabrata*, *Cephalotaxus* u. a. in einer Höhenlage von 500—1000 m den **unteren Nadelwald** (C 2c in B 4). Für die untere Region ist auch die Formation der **Hara** (C 2b in B 4) sehr charakteristisch. Unbebaute weite Flächen, hier und da von niedrigem Strauchwerk von *Cydonia japonica*, *Deutzia*, *Diervilla*, *Rosa*, *Lespedeza*, *Rhododendron indicum* u. s. w. bestanden, bilden diese Formation, deren Blumenreichthum ein ganz erstaunlicher ist; es entstammen ihr viele unserer schönsten japanischen Zierstauden (*Lilium*, *Iris*, *Hosta* u. s. w.).

Höher hinauf im Gebirge werden die Nadelwälder vorzugsweise von *Abies firma* gebildet; der **Laubwald in einer Zone zwischen 1000—1500 m** überwiegt über den Nadelwald, zeigt aber bereits mehr Anklänge an europäische Waldvegetation. Buchen, Eichen, Ahorne, Eschen und Erlen bilden ihn; von charakteristischen Stauden sei an *Dicentra* und *Saxifraga sarmentosa* erinnert. Ueber dem Laubwald folgt in den japanischen Gebirgen (C 2d in A 4) ein aus Tannen (*Abies polita*, *Menziesii*, *Veitchii*), Lärchen (*Larix leptolepis*) und Tsugen gebildeter **Nadelwald**, etwa **zwischen 1500—2000 m**, und darüber bildet *Pinus parviflora* die **Zone des Knieholzes**. Letztere ist reich an niedrigen *Ericaceae*, enthält aber auch manche allgemein verbreiteten Alpenpflanzen.

Einige dem wärmeren Japan angehörenden Pflanzen, welche unsern Winter nicht vertragen und daher in den Gewächshäusern untergebracht sind, werden im Sommer zu einer Gruppe (C 2e) vereinigt.

D. Nordamerika,

mit Ausschluss von Mexiko und abgesehen von den arktischen Gegenden des Polarmeeres, gliedert sich in drei grosse Bezirke: 1. das nordamerikanische Seengebiet, welches südwärts im Allgemeinen die canadische Grenze nicht überschreitet, 2. das pacifische Nordamerika, die Westküste bis zu den Rocky Mountains landeinwärts umfassend, und 3. das atlantische Nordamerika, die weiten Gebiete von den Ufern des atlantischen Meeres bis an den Fuss der Rocky Mountains einschliessend.

1. **Das nordamerikanische Seengebiet** ist durch das Ueberwiegen von Nadelwäldern charakterisirt (D 1a in B/C 4), die ihm einen Florencharakter ähnlich dem des nördlichen Europas verleihen. Zwei Fichten (*Picea alba* und *nigra*), eine Lärche und die Balsamtanne (*Abies balsamea*) sind die tonangebenden Gehölze dieser Wälder, welche bis an die polare Grenze des Baumwuchses nur von der Balsampappel (*Populus balsamifera*), der Grauerle und Grünerle begleitet werden; weiter südlich erscheinen Nadelwälder, deren Hauptrepräsentant *Thuja occidentalis* ist, während anderseits grosse Bestände der Weymouthkiefer (*Pinus Strobus*) zusammen mit *Tsuga canadensis* auftreten. An den südlichen Grenzen des Gebietes finden sich schon Laubwälder (D 1b in C4), deren Zusammensetzung in hohem Grade an die Wälder des

2. **atlantischen Nordamerikas** erinnert. Hier überwiegt der Laubwald ganz offenbar; er tritt uns in einer Mannigfaltigkeit von Formen entgegen, welche wir an unseren Wäldern vermissen. Die mit D 2a (in D/E 5) bezeichneten Quartiere enthalten die wichtigsten Laubhölzer dieser Flora, Magnolien und Tulpenbäume, mehrere Arten Rosskastanien und Ahorne, mehrere Ulmenarten, Birken und viele Eichen. Die Wallnussbäume sind durch die Gattungen *Carya* und *Juglans* vertreten. Das formenreiche Unterholz wird von mehreren *Viburnum-, Mespilus-, Rhus-, Prunus-, Spiraea*-Arten, *Cercis, Vitis* u. s. w. gebildet. Die meisten dieser Gehölze sind seit langer Zeit wichtige Erwerbungen europäischer Gärten geworden. (Der hier befindliche [D 5] grosse Gingkobaum gehört nicht hierher!)

Wo der Untergrund viel Feuchtigkeit enthält, der Boden stellenweise versumpft, nimmt der Wald den Charakter der sog. **Swamps** (D 2b in C 5) an, für welche Bestände der virginischen Sumpfcypresse (*Taxodium*), von Laubhölzern die Phellos- und Sumpfeiche (*Quercus Phellos* und *aquatica*), ferner *Magnolia glauca, Acer rubrum, Fothergilla, Nyssa, Clethra, Planera* nebst mehreren Stauden bestimmend sind. Gegen die Berge der **Alleghanies** (D 2c in C 5) nimmt der atlantische Wald im Allgemeinen an Mannigfaltigkeit ab, doch treten hier neue Formen auf, welche der Ebene fehlen, so die roth blühenden Robinien, *Acer spicatum* und *pennsylvanicum, Calycanthus floridus* u. a. Die Alleghanies erreichen mit einzelnen ihrer Gipfel, bei einer Kammhöhe von etwa 1000 m, eine Meereshöhe von 2000 m, und daher gelangt auch hier eine alpine Region zur Ausbildung. Allerdings fehlen allgemein verbreitete arktisch-alpine Arten völlig.

Gegen Süden zu, in **Carolina und Virginien**, treten wiederum andere Formen auf, und eine Formation, die sog. **Pine barrens** (D 2d in C5), erreicht dort ihre Hauptentwickelung. Es sind dies öde Kieferwälder, besonders von *Pinus australis* gebildet, der sich stellenweise noch drei andere Kiefern zugesellen (*P. mitis, inops* und *Taeda*). In dieser Region heimisch ist *Yucca filamentosa.*

Jenseits der Alleghanies verschwindet der Wald immer mehr und begleitet höchstens die Flussläufe, während das höher liegende Terrain von den weit ausgedehnten **Prairien** (D 2e in C 5) bedeckt wird. Das Klima erinnert hier an die Steppe: der Sommer ist heiss, der Winter streng, aber der Charakter der Vegetation ist ein anderer. Nicht so wie in der Steppe, in welcher die Stauden hastig und rasch ihre Blüthen entfalten, um bald darauf den sterilen Boden mit abgestorbenen Resten zurückzulassen, vollzieht sich das Pflanzenleben der Prairien. Den ganzen Sommer hindurch, bis in den Herbst hinein, entfalten sich ansehnliche Blumen, und die letzten Köpfchen der Astern und Goldruthen werden hier vom Winter erreicht. Auch erlangt die Vegetation eine ansehnliche Höhe.

3. Im **pacifischen Nordamerika** tritt der Reichthum der Flora an Laubbäumen erheblich zurück; tonangebend sind Nadelhölzer. Der nördlichste Theil der pacifischen Flora, das **Oregongebiet** (D 3a in B 5), enthält mehrere Arten cypressenähnlicher Nadelbäume, mehrere Tsugen, Fichten und Tannen, aber auch noch charakteristische Laubhölzer; doch fehlen die Magnolien, Ulmen und Linden des atlantischen Gebietes. In den **Rocky Mountains** (D 3b in C 5) setzen sich die Nadelwälder aus grossnadligen Tannen, eigenthümlichen Fichten und charakteristischen Kiefernarten zusammen, während in der **Sierra Nevada** Californiens (D 3c in B 5) namentlich die Mammuthbäume Interesse beanspruchen. Von hier stammt auch der californische Ahorn und einige andere Laubhölzer, die in unseren Gärten noch geringe Verbreitung besitzen. Die Hochgebirgsfloren des **Caskadengebirges,** der Rocky Mountains und der Sierra Nevada enthalten wiederum eine Anzahl allgemein verbreiteter arktisch-alpiner Arten neben zahlreichen eigenthümlichen Formen.

Zur Vervollständigung des Bildes, das uns die geographischen Anlagen bieten, dienen endlich noch die Gruppen von Gewächshauspflanzen, welche während des Sommers im freien Lande nach geographischen Gesichtspunkten ihre Aufstellung finden, zunächst

E. Die mexikanische Gruppe

vorn, nahe dem Eingange (E 1 in J 5/6). Sie besteht fast ausschliesslich aus Fettgewächsen oder Succulenten, unter denen die Agaven und Echeverien die Hauptrolle spielen. Wir bemerken ferner stattliche *Liliaceen* aus den Gattungen *Yucca*, *Nolina* und *Dasylirion*, mit aufrechtem holzigem Stamme und schmalen Blättern, welche eine kuglige Krone bilden, aus deren Mitte der Blüthenstand entspringt. Während wir hier nur selten Blüthen beobachten können, entwickeln die Cactusgewächse, die ja auch meist centralamerikanisch sind, häufig ihre grossen Blüthen von leuchtenden Farben. Sie sind in einer besonderen Gruppe, der

Cacteengruppe,

gegenüber den eben besprochenen Pflanzen untergebracht (E 2 in I/K 6). Der Stamm der Cacteen ist von erstaunlicher Veränderlichkeit. Die Opuntien zeigen rundliche, bis längliche zusammengedrückte Stengelglieder mit kurzen Stacheln auf den Flächen und Kanten; die auch im Mittelmeergebiet seit langer Zeit verwilderte Art, der Feigenkaktus (*Opuntia Ficus indica*), trägt essbare Früchte; auf einer andern Opuntie (*O. coccinellifera*) lebt die Cochenille-Schildlaus, deren getrocknete Weibchen die Cochenille liefern. Die *Phyllocactus* bilden stielrunde, holzige Stengel, an denen die jüngeren Zweige als flache, blattartige weitläufig gekerbte Gebilde entspringen. Die *Cereus*-Arten sind als Säulen- oder Schlangenkaktus weit verbreitet; ihre Stämme sind kantig bis gerippt und mit Stachelpolstern besetzt. Einzelne Arten erreichen colossale Dimensionen; ihre verholzten Stämme werden in Südamerika als Bau- und Brennholz verwendet. Der Warzenkaktus gehört zur Gattung *Mamillaria* mit kugligem Stamm, dessen Oberfläche mit Höckern oder Warzen bedeckt ist, auf denen Borsten oder Stacheln entspringen. *Melocactus*, der Melonenkaktus, entwickelt kurze, kuglige, tief längsfurchige Stämme mit Stachelspitzen längs der Rippen oder Kanten. Die Peireskien sehen habituell einem Kaktus nicht ähnlich, insofern sie holzige Sträucher mit breiten, normalen Blättern vorstellen, während bei den übrigen Kakteen die Blattbildung fast vollständig unterdrückt ist.

F. Die Cappflanzen

stehen auf den beiden Gruppen F 1 uud F 2 (in J 4/5):

Seit langer Zeit ist die Flora des Caplandes als eine sehr formenreiche bekannt, und da viele Arten derselben durch eine grosse Blüthenpracht sich auszeichnen, fanden sie sehr schnell den Weg in die europäischen Kalthäuser; leider bereitet ihre Cultur vielfach Schwierigkeiten, weshalb die Zahl der Cappflanzen sich in unseren Culturen stetig vermindert. Das gilt vorzugsweise von denjenigen, deren Heimath in die südwestliche Ecke des Caplandes fällt, in das **Gebiet der Winterregen** (F 2). Von hier stammen die meisten *Erica*-Arten — die Familie ist hier mit über 400 Arten entwickelt —, ferner zahlreiche *Rutaceae, Compositae, Thymelaeaceae*, welche alle habituell den Haidekräutern gleichen, immergrün sind und schmale, kleine Blätter besitzen. Mehrere *Rhus* mit gedreiten Blättern und die eigenthümlichen *Proteaceae* gehören hierher. Auch unsere Pelargonien sind dem Capland mit sehr zahlreichen Arten eigen, wie es überhaupt ein Charakterzug der Capflora ist, dass die Gattungen in sehr grosser Artenzahl auftreten. Gräser sind selten; an ihre Stelle treten *Restiaceae*. Zwiebelgewächse und Strohblumen finden sich auch zahlreich, doch gehen sie auch in das **Gebiet der Karroo** (F 1) hinein. Dieses Gebiet Südafrikas empfängt zu allen Jahreszeiten Regen, aber immer nur spärlich; die Vegetation wird bestimmt durch kleinblättrige Dornsträucher und Fettgewächse, unter denen *Mesembrianthemum* fast 400 Arten in der Karooflora besitzt. Wolfsmilcharten (*Euphorbia*) in den abenteuerlichsten Gestalten, mehrere Gattungen der *Crassulaceen* und *Aloë* verdienen Erwähnung. Man vergleiche hiermit den zunächst liegenden Hügel der mexikanischen Succulenten, um den Unterschied in der Zusammensetzung zu bemerken. Die Gruppe enthält ein Prachtexemplar von *Testudinaria Elephantipes*, des Elephantenfusses oder Hottentottenbrodes, aus dessen centnerschwerem, rissig borkigem Grundstock alljährlich neue Triebe sich entwickeln.

Der Capflora schliesst sich an eine

G. asiatische Gruppe

(in J 4), aus grösseren Kübelpflanzen, zumeist immergrünen Japanern, bestehend, die auch in der Anlage auf C 2e (in B 3/4) vertreten sind.

H. Die südamerikanischen Gruppen

(in J 3) gewähren kein vollständiges Bild der chilenischen oder südbrasilianischen Vegetation, sondern enthalten nur Pflanzen jener Gebiete aus den verschiedensten Formationen. Wir machen namentlich aufmerksam auf die Fuchsien, *Escallonia*-Arten, und die *Eryngium* (*Umbelliferae!*) mit grasähnlichen Blättern und kopfigen Blüthenständen.

J. Australische Gruppe.

Ein grosser Theil von Nordaustralien und das nordöstliche Australien gehören der Tropenzone an, während die südlichen Theile dieses Erdtheiles ein gemässigtes Klima besitzen. Für unsere Gruppen kommt nur die Flora in Betracht, welche sich mit einem geringeren Maass von Wärme begnügt. Wir haben zunächst Vertreter der Flora **Westaustraliens** (J 1 in J 4) vor uns. In diesem Gebiete spielt die Formation der „Shrubs" eine grosse Rolle: fast undurchdringliche Busch-wälder, gebildet von habituell gleichen, klein- und schmal-blättrigen Gewächsen aus den Familien der *Myrtaceae*, *Legumi-nosae* und *Proteaceae;* nur die *Eucalyptus*-Bäume erreichen eine ansehnliche Höhe. Hin und wieder finden sich Bestände einzelner „Grasbäume" (*Xanthorrhoea*) und die in dieselbe Familie (*Liliaceae*) gehörige *Kingia*, während auf den trockenen Triften strohblumenartige Korbblüthler vorherrschen, die Gräser gegen die *Restiaceae* und strauchige oder halbstrauchige Schmetterlingsblüthler zurücktreten. — In **Ostaustralien** (J 2 in J 4/5) erscheint die Flora von anderer Zusammen-setzung. Während in Westaustralien nur wenige Familien, diese aber in fast nirgends wiederkehrendem Reichthum auf-treten, fehlen in Ostaustralien nur wenige Familien; auch ver-liert die Vegetation im Allgemeinen das haidekrautartige Aus-sehen, das der Pflanzenwelt des Westens ihr eigenthümliches Gepräge verleiht, obwohl die Casuarinen mit ihren schachtel-halmähnlichen Zweigen und die Acacien mit ihren ver-breiterten Blattstielen (Phyllodien) ohne Spreite auch hier in vielen Formen auftreten. Der Fieberbaum, *Eucalyptus Globulus*, gehört dieser Flora an; durch sein rasches Wachs-thum wirkt er in hohem Grade entwässernd auf den Boden, und darauf allein beruht sein angeblicher Werth als fieber-verhindernder Baum. Man beachte an demselben die Ver-schiedenheit der Blätter an jungen Exemplaren und alten

Stämmen. In Ostaustralien finden sich bereits eine Arau-carie und Baumfarne; dadurch tritt die Flora der Provinz Victoria und von Tasmanien in nahe Beziehungen zur Flora Neuseelands.

K. Neuseeländische Gruppe.

Das gemässigte, gleichmässige Klima dieser Inselgruppe, zusammen mit der grossen Feuchtigkeit der Atmosphäre, er-klärt den so grossen Reichthum der Flora an Holzgewächsen und Baumfarnen; die einjährigen Pflanzen treten gegen die ausdauernden Stauden ganz zurück. Hier finden wir keine Casuarinen, keine Fieberbäume, keine baumartigen *Liliaceae* mehr; die Flora ist keineswegs so nahe verwandt mit der-jenigen Australiens, als dass man sie mit ihr vereinigen könnte. Von den hier ausgestellten Pflanzen verdient *Agathis*, die Kaurifichte, als Stammpflanze des Dammarharzes Be-achtung; *Phormium tenax*, der neuseeländische Flachs, ist die wichtigste Gespinnstpflanze der Insel, *Clianthus* einer der schönsten Schmetterlingsblüthler unserer Anlagen. Man be-achte endlich *Rubus australis* mit reducirter Blattbildung und *Carmichaelia*, sowie *Phyllocladus* mit blattartigen Zweigen (Phyllo-kladien). Auf dem gegenüberliegenden Beete L ist eine kleine Collektion von Pflanzen des neuseeländischen Hochgebirges zusammengestellt.

L. Solitärpflanzen verschiedener Gebiete.

Gegenüber der neuseeländischen Gruppe sind auf Beet L in H/J 5) auf dem Rasen aufgestellt: 1) schöne Exemplare des neuseeländischen Flachses, *Phormium tenax* und *Ph. Colensoi;* 2) *Astelia Banksii*, eine auf Bäumen in den Wäldern Neuseelands wachsende Liliacee; 3) *Mühlenbeckia rotundifolia*, eine australische Polygonacee, mit zarten Zweigen und kleinen, fleischigen Blättern; 4) eine Gruppe von *Dracaenen;* 5) ein altes Exemplar der Zwergpalme, *Chamaerops humilis*, der einzigen wildwachsenden Palme Europas, und endlich 6) eine Gruppe mit Arten von *Musa*, Banane, in der Nähe des Winterhauses.

M. Abyssinische Gruppe.

Die neueren Einführungen in den Garten haben es er-möglicht, auch aus dem Gebiete der abyssinischen Hochgebirge eine kleinere Gruppe von Gewächsen zusammenzustellen (M in

C 7), welche als Repräsentanten der Flora jener hochgelegenen
Gebiete, denen sich Yemen, die Südwestecke Arabiens, mit
ähnlicher Flora anschliesst, gelten können. Wir finden hier
ein stattliches Exemplar von *Olea chrysophylla*, mehrere Arten
von Succulenten u. s. w.

V. Die wichtigsten Gewächshäuser.

Wir besprechen hier nur diejenigen Häuser, welche tropische Pflanzen enthalten; die subtropischen Gewächse finden
im Sommer Aufstellung im Freien und wurden im Voran-
gehenden erwähnt.

A. Das Victoriahaus. (V in F 2).

Für den Besuch dieses Hauses empfehlen sich die
Sommermonate Juni—August, wenn die darin gezogenen
Pflanzen in vollster Entwickelung sich befinden. Es enthält
tropische Wasserpflanzen und solche Gewächse, zu deren Gedeihen ausser hoher Temperatur auch viel Feuchtigkeit er-
forderlich ist. Die zu intensiven Sonnenstrahlen werden durch
Bestreichen der Glasscheiben mit Kalk abgeschwächt. Unsere
Aufmerksamkeit lenkt sich zunächst auf **Victoria regia**, eine
prächtige Nymphaeacee aus dem Flussgebiet des Amazonen-
stromes, welche seit dem Jahre 1849 in die europäischen
Gärten eingeführt wurde.

In ihrem Vaterlande bedecken die Blätter der *Victoria
regia* die Oberfläche des Wassers auf meilenweite Strecken;
bei uns wird sie alljährlich neu ausgesäet und als einjährige
Pflanze cultivirt, weil das Ueberwintern unsicher und zu kost-
spielig wäre. Ende Januar werden die erbsengrossen Samen
in einem kleinen Wasserkasten ausgesäet. Die jungen Pflanzen
wachsen nur langsam, und im Mai bringt man zwei derselben
in das grosse Bassin, dessen Oberfläche sie schliesslich mit
Blättern völlig verdecken. Nun wird das Wachsthum ein
rascheres: immer grössere Blätter werden gebildet, anfangs
nach innen eingerollt und ihre stachligen Rippen nach aussen
kehrend, dann sich ausbreitend und mit ihrer $1\frac{1}{2}$—2 m im
Durchmesser fassenden Fläche dem Wasser aufliegend; nur der
äusserste Rand biegt sich nach oben. Die zahlreichen Rippen

auf der Unterseite bilden kleine Räume, in welchen sich Luft ansammelt; dadurch erklärt sich die ausserordentliche Tragfähigkeit des Blattes, welches eine Last von 50—60 kg, gleichmässig vertheilt, zu tragen im Stande ist, ohne unterzusinken. Vom Mai bis Anfang October hat die Pflanze etwa 40 Blätter gebildet, doch sterben die ältesten allmählich ab, so dass stets nur 5—8 Blätter zu beobachten sind. Im Hochsommer pflegt ein solches Blatt seine Entwickelung in vier bis fünf Tagen zu beenden. In der Achsel eines jeden Blattes bildet sich eine Knospe; nach der ersten Blüthenentwickelung folgen in Zwischenräumen von 4—6 Tagen immer neue Blüthen. Die erste Blüthe erscheint rein weiss, nur in der Mitte etwas fleischfarben; sie öffnet sich gegen 4 Uhr des Nachmittags, um sich bald wieder zu schliessen; am zweiten Tage erscheint sie von rosenrother Färbung und strömt einen schwachen, süsslichen Geruch aus. Nach erfolgter (künstlicher) Befruchtung schliesst sich die Blüthe und welkt bald ab; ihre Samen reifen unter Wasser.

Ausser der *Victoria regia* bemerken wir in den Bassins noch **rothe** und **blaue Wasserrosen**, *Nymphaea rubra* (S.-Asien) und *N. caerulea* (Aegypten) und die bei Aegyptern, Buddhisten und Hindus für heilig gehaltene **Lotosblume** (*Nelumbium speciosum*), deren lang gestielte, schildförmige Blätter über das Wasser hervortreten und ihres starken Wachsüberzuges wegen jeden Wassertropfen sofort herabgleiten lassen. Die Samen, sowie die stärkereichen Grundstöcke, welche im Wasser hinkriechen, dienen als Nahrungsmittel.

Von weiteren Wasserpflanzen machen wir aufmerksam auf die im Wasser schwimmende *Eichhornia*, deren eine Art blasig verdickte Blattstiele besitzt. *Ceratopteris thalictroides* ist ein Farnkraut mit zierlich zerschlitzten Blättern, welches in den Tropen eine weite Verbreitung besitzt. Die auf der Oberfläche schwimmende *Pistia Stratiotes* ist eine in den tropischen Gewässern verbreitete *Aracee*. In wunderbarer Ueppigkeit gedeiht das fein zertheilte *Myriophyllum proserpinacoides*. Von Nutzpflanzen finden sich hier der **Reis** (*Oryza sativa*), die **Papyrusstaude** (*Cyperus Papyrus*), aus der die alten Aegypter ihre Papyrusrollen herstellten, und das **Zuckerrohr** (*Saccharum officinarum*), ein bis 4 m hohes Gras des südlichen Asiens, das wildwachsend unbekannt, aber seit Alters her cultivirt wird. Die **Sinnpflanze**, *Mimosa pudica*, aus dem tropischen Amerika, ist durch ihre für Reize sehr empfindlichen Blätter bekannt; bei der leisesten Berührung falten sich die Theilblättchen zu-

sammen, worauf sich der Blattstiel herabsenkt. Das Dunkel-
werden wirkt auf die Pflanze wie Berührung. Die Blättchen von
Hedysarum gyrans vollziehen fortwährend kreisende Bewegun-
gen, vorausgesetzt, dass Temperatur und Feuchtigkeit die normalen sind. Eine kleine Sammlung *Nepenthes*-Arten und -Bastarde,
Kannenträger, befindet sich gleichfalls während des Sommers
hier. Sie bilden eine besondere Familie, *Nepenthaceae,* die an
sumpfigen Orten im malayischen Gebiete heimisch ist und bis
Madagaskar und Nordaustralien sich ausbreitet. Die Blätter
verschmälern sich an der Spitze zu einem Stiel, der eine mit
einem Deckel versehene Kanne trägt. In dem letzteren wird
eine Flüssigkeit abgesondert. Insecten, welche die geöffneten
Kannen besuchen, um den an dem Rande ausgeschiedenen
Honig wegzuholen, gleiten an der glatten Wand herab und
gelangen in die Flüssigkeit, in der sie absterben und aufgelöst
werden. Die Kannenträger gehören also zu den insecten-
verdauenden Pflanzen.

Als kletternde Pflanzen beobachten wir hier verschiedene
tropische Kürbisgewächse, sowie eine Art Wein, *Vitis
pterophora,* mit geflügeltem Stengel und langen Luftwurzeln;
Cissus discolor besitzt prächtig gefärbte Blätter.

Während des Winters dient das Victoriahaus zur Auf-
bewahrung immergrüner Kalthauspflanzen, namentlich von
Coniferen (Araukarien, Libanonceder) und Orangen-
bäumen.

B. Das Palmenhaus (P in H 1/2)

zeigt uns echt tropische Gewächse, welche wenigstens einen
schwachen Eindruck von der Fülle und Mannigfaltigkeit eines
tropischen Urwaldes gewähren. Es sind namentlich vier
Familien des Pflanzenreichs, deren Vertreter unsere Aufmerksamkeit in Anspruch nehmen: die hohen Stämme der
Baumfarne, die von einer Krone grosser Blätter gekrönt
werden, ferner die als Fieder- und Fächerpalmen vorhandenen
stattlichen Exemplare der **Palmen,** denen die **Cycadeen** nicht
unähnlich sehen, und die **Pandanus**-Arten; diese letzteren
Gewächse sind vermöge ihrer kräftigen, Stützpfeilern ähnlichen
Wurzeln, welche an dem oberirdischen Stamm hervortreten,
selbst an den dem Wellenschlag des Meeres ausgesetzten
Standorten genügend befestigt; ihre Stämme sind gablig
verzweigt, die Blätter gross und längs der Rippen stach-
lig-rauh.

Gleich in der Mitte des Hauses finden wir einen schönen *Pandanus furcatus* aus Ostindien, neben prächtigen Exemplaren zweier **Fächerpalmen** (*Livistona chinensis* [China] und *L. oliviformis* [Java]); während an der Ostseite des Mittelbaues in *Geonoma undata* (Venezuela) und *Dictyosperma* (*Areca*) *rubrum* der Typus der **Fiederpalmen** demonstrirt wird. Die schwarze Schilfpalme Java's (*Calamus niger*) bildet, wie andere Rotangarten, keine Blätterkrone; ihre dünnen, stachligen Zweige klettern von Baum zu Baum. Diese, wie andere *Calamus*-Arten, liefern das vielfach gebrauchte spanische Rohr. Hier steht auch ein schönes Exemplar von *Eugenia Pimenta*, eine Myrtacee Westindiens, die uns das als Nelkenpfeffer oder Piment bekannte Gewürz liefert. An der Westseite des Mittelbaues wachsen zwei **Bambusen**, *Bambusa verticillata* (Java) und *B. vulgaris* (Tropen), welche uns von den tropischen Formen dieser Grasgruppe eine Vorstellung gewähren. Sie besitzen ein rapides Wachsthum und entwickeln innerhalb weniger Monate bis 20 m lange Halme von beträchtlicher Dicke. Im Innern sind die Halme hohl, enthalten bisweilen gutes Trinkwasser, bisweilen auch die bekannten Kieselsäure-Concretionen, die als Tabaschir in der Medicin der orientalischen Völker eine so wichtige Rolle spielen. Die Verwendung der Bambushalme ist eine überaus mannigfaltige; zu uns kommen die knotigen Ausläufer als Spazierstöcke. Die jungen Wurzelsprosse geben ein Gemüse.

Im nördlichen Flügel des Palmenhauses erwecken unser Interesse die herrlichen Baumfarne zweier *Cyathea*-Arten (*C. medullaris* [N.-Seeland, Fidji-Inseln] und *C. insignis* [C. Amer.]), sowie die kleinere *Angiopteris evecta* (Ostafr. bis Polynes.); ferner *Pandanus odoratissimus*. Vor allem sind es aber wiederum Palmen, die durch ihre Pracht hervortreten. Der schlanke Stamm der *Oreodoxa Sancona* (Bolivien) wird dicht verhüllt von einer emporkletternden Feigenart (*Ficus stipularis*). Von Fächerpalmen stehen hier *Livistona australis* (Australien) und *L. rotundifolia*, die Saribupalme des malayischen Gebietes, *Sabal umbraculifera* und *Acanthorrhiza Warscewiczii* (Panama), deren Stamm am Grunde mit Dornen bewehrt erscheint. Die Dornen stellen umgebildete Wurzeln (Adventivwurzeln) vor. Von Fiederpalmen dieser Abtheilung bemerken wir: *Phoenix spinosa*, eine Verwandte der Dattelpalme, welche in den feucht-heissen Niederungen Westafrikas Büsche bildet; *Ceroxylon andicola*, die berühmte Wachspalme der Anden, deren säulenförmiger Stamm von einer dicken Wachsschicht bedeckt wird; *Arenga saccharifera*, die Gomuti-, Sagwire- oder Zucker-Palme des östlichen Indiens, welche die Malayen allenthalben anpflanzen: sie geniessen die jungen Blätter als Gemüse, bereiten aus den Blattscheiden rosshaarähnliche Fasern; der angenehm schmeckende Saft, der nach Abschneiden der jungen Blüthenstände reichlich ausfliesst, geht nach kurzer Zeit durch Gährung in Palmwein über oder liefert durch Einkochen eine gute Zuckersorte für den europäischen Handel.

Im Südflügel des Palmenhauses finden wir Vertreter der *Cycadaceae*, deren grösster hier *Encephalartos Altensteinii* (Südafrika) ist; ferner *Pandanus sylvestris* der Molukken. Zwei kolossale Stöcke eines **Säulencactus** (*Cereus hexagonus* aus Südamerika) erreichen eine Höhe von etwa 12 m! Der **Kaffeebaum**, *Coffea arabica*, ist ein kleiner, immergrüner Baum (Fam. d. *Rubiaceae*), der dem trop. Afrika entstammt, zuerst in Arabien im Grossen gebaut wurde, sich aber bald in raschem Zuge in alle trop. Länder Eingang verschaffte. Der meiste Kaffee kommt gegenwärtig aus Brasilien. In dieser Abtheilung steht *Sabal Blackburniana*, eine schöne Fächerpalme Westindiens, deren Blätter grosse Dimensionen erreichen; *Elaeis melanococca*, aus dem äquatorialen Amerika, ist eine kurzstämmige Fiederpalme, verwandt mit der Oelpalme Westafrikas. Ferner finden sich hier einige kleinere Exemplare des Drachenbaumes (*Dracaena Draco*) und kletternde *Araceen* aus den Gattungen *Philodendron* und *Monstera*.

Mit diesen wenigen Beispielen, welche allerdings die ansehnlichsten Pflanzen des Palmenhauses betreffen, ist der Reichthum dieses Gewächshauses keineswegs erschöpft. Der Besucher wird hier und da noch Formen finden, welche sein Interesse erwecken, auf welche aber hier nicht eingegangen werden kann.

C. Das Orchideenhaus (O in K 3)

besteht aus einer wärmeren und kälteren Abtheilung und enthält vorzugsweise *Orchidaceae;* die blühenden Pflanzen werden gewöhnlich an der Südseite des Hauses vereinigt, damit sie schon von aussen betrachtet werden können. Ausser Orchideen sind noch decorative Blattpflanzen hier aufgestellt, so *Medinilla magnifica* (Java) und *Miconia magnifica* (trop. Amerika), ferner die *Calathea-* und *Maranta*-Arten (*Marantaceae*). Auch eine schöne Collection **Nepenthes,** Kannenträger, ist hier vorhanden, welche wir bereits in einzelnen Vertretern im Victoria-Hause kennen gelernt hatten. Zur Bekleidung der Wände dient *Ficus stipularis;* das Gras mit weiss gestreiften Blättern ist eine Art von *Oplismenus.*

Die **Orchideen** sind mit etwa 5000 Arten über die warmen und gemässigten Länder der Erde verbreitet, erreichen ihre höchste Entwickelung in den Gebirgen der Tropen und nehmen polwärts und in den Gebirgen der nördlichen gemässigten Zone rasch an Arten ab. In unserem Klima kennen wir nur **Erdorchideen;** die Bewohner der Tropen leben auf den Bäumen der Urwälder **epiphytisch,** d. h. sie siedeln sich auf der Rinde von Laubbäumen oder auf mossbedeckten Baumstümpfen an, sind aber keine Parasiten, sondern entziehen dem Substrat im wesentlichen nur Wasser. Daraus ergiebt sich für die Cultur der Orchideen eine Menge von Schwierigkeiten, denen der Gärtner dadurch begegnet, dass er die Pflanzen in Torfmoos cultivirt, theils in Töpfen, theils in lockeren, durchbrochenen Kork- oder Holzkästen, welche frei in der Luft aufgehängt sind. Sehr verbreitet bei den Orchideen finden wir die Bildung von Luftwurzeln, langen, oft unverzweigten, schlaff herunterhängenden Wurzeln, sowie von grünen Knollen, welche im Gegensatz zu anderen Pflanzen oberirdisch gebildet werden und aus ihrer Spitze nicht mehr austreiben; sie speichern Nährstoffe und Wasser. Die Orchideen gewähren für den Menschen nur wenig Nutzen, obwohl sie als Zierpflanzen immer mehr zu kostbaren Modepflanzen werden. Senden doch eigens zu dem Zwecke, neue Orchideen direct zu importiren, die grossen belgischen und englischen gärtnerischen Etablissements Reisende aus, deren Funde zu erstaunlich hohen Preisen an Liebhaber verkauft werden. Allerdings giebt es keine zweite Pflanzenfamilie, deren Blüthen so herrliche Farben, so zarte Gerüche und so abenteuerliche Gestalten bei ziemlicher Grösse aufzuweisen hätten. Die wichtigste Nutzpflanze unter den Orchideen — von den Salep-liefernden einheimischen Erdorchideen sehen wir hier ab — ist die **Vanille,** *Vanilla planifolia,* ein Schlinggewächs des östlichen Mexiko, das jetzt aber in Westindien, auf Java, Bourbon und Mauritius im Grossen gebaut wird. Die Pflanze klettert an Bäumen, wie Epheu, empor und bildet federkieldicke Schoten, die bekannte Vanille. Meist pflanzt man die Vanille auf der Rinde des Cacaobaumes an.

Wir machen auf folgende Gattungen aufmerksam und

bemerken, dass die Hauptblüthezeit in das Frühjahr fällt. In der kälteren Abtheilung: *Aerides, Cattleya, Dendrobium, Laelia, Lycaste, Masdevallia, Odontoglossum, Paphiopedilum, Vanda* und *Vandopsis.* Hier steht auch eine Amaryllidacee, *Clivia miniata* (Natal) mit mennigrothen Blüthen und dunkelgrünen, riemenförmigen Blättern. In der wärmeren Abtheilung, die vorzugsweise für *Nepenthes* und die *Marantaceae* bestimmt ist, findet sich *Vanilla.*

D. Das Araceenhaus (A in L 2)

verschafft uns einen Begriff von der Vielgestaltigkeit der *Araceae.* Ihre kleinen unscheinbaren Blüthen sind zu Kolben vereinigt, und diese tragen am Grunde ein meist lebhaft gefärbtes Blattorgan, die Spatha, welche zuweilen den Kolben ganz oder theilweise umhüllt. Die Vielgestaltigkeit der Blätter und deren Nervatur lässt kaum vermuthen, dass man es mit einer Familie der *Monocotyledoneae* zu thun hat; denn wir begegnen neben schmalen, lanzettlichen Blättern häufig pfeilförmigen Gestalten oder tief getheilten Formen. Die interessante Löcherbildung in der Blattfläche bei *Monstera*-Arten, deren häufigste auch unter dem falschen Namen „*Philodendron pertusum*" allgemein bekannt ist, kann hier leicht beobachtet werden.

Die vordere Hälfte der ersten Abtheilung enthält meist *Anthurium*-Arten, während die Tuffsteinkanten und die Säulen von *Scindapsus aurea, argyrea* bewachsen sind. An der Wand steht ein grösseres Exemplar von **Monstera deliciosa** (Mexiko), deren Fruchtkolben ananasartig schmecken und in Mexiko auf den Markt kommen. Die zweite Hälfte der ersten Abtheilung ist ausschliesslich für die **Philodendron**-Arten bestimmt. Unser Interesse beanspruchen ein riesiges Exemplar des *Ph. Eichleri* (Brasilien) mit seiner reichen Krone grosser, gebuchteter Blätter, und **Ph. bipinnatifidum** (Südbrasilien) mit der Fülle doppelt fiederschnittiger Blätter. Schnellwüchsige *Philodendron*, wie *Ph. Imbé, laciniatum* u. a., sind prächtige, decorative, schon lange in unseren Culturen befindliche Warmhauspflanzen.

Ein farbenreicheres Bild bietet uns die zweite Abtheilung; zunächst die buntblättrigen **Anthurium** *crystallinum* (Peru), *Veitchii* (Bolivien) u. a., zwischen deren Blätterschmuck die feurig-rothen Blüthenstände und Spathen der *A. Andraeanum* (Bolivien) und die rosenrothen Spathen hybrider Formen emporragen. Weiterhin erfreuen wir uns an den schönen und zarten Farben der pfeilförmigen Blätter der **Caladien** und *Colocasia*, der *Alocasia-* und *Xanthosoma*-Arten zunächst stehen. Der Grundstock und die Blätter von **Alocasia macrorrhiza** und **Colocasia antiquorum** sind im frischen Zustande giftig, verwandeln sich aber durch Rösten oder Kochen in ein mild schmeckendes Nahrungsmittel, das von den Bewohnern des malayischen Gebietes allgemein genossen wird. Man findet daher Culturen der genannten Arten jetzt überall in den Tropen der alten und neuen Welt.

Schliesslich achte man noch auf *Spathicarpa sagittifolia*, welche fast das ganze Jahr hindurch blüht und die Eigenthümlichkeit zeigt, dass Spatha und Kolben verwachsen sind, der Kolben daher gleichsam als eine der Mittellinie der Spatha aufsitzende Leiste erscheint.

E. Das Kamellienhaus (K in K 3/4)

gewährt nur während der Monate April bis Anfang Mai Interesse, bietet zu dieser Zeit aber ein überaus prächtiges, farbenreiches Bild, auf welchem intensiv oder zart gefärbte Blumen von dem dunklen Grün des Laubes lebhaft sich abheben. Im Sommer steht das Haus leer oder enthält nur kranke Pflanzen, welche einer sorgfältigen Pflege bedürfen.

Die Hauptmasse bilden die **Kamellien** (*Thea japonica*), eine Ternstroemiacee aus Ostasien, die ihre weissen oder rothen, einfachen oder gefüllten Blüthen im zeitigen Frühjahr öffnet und hier in vielen Spielarten vertreten ist. Sie ist nächst verwandt mit dem **Theestrauch**, *Thea chinensis*. Wir bemerken ferner zahlreiche Arten von **Rhododendron** aus dem Himalaya mit weissen, gelben oder rothen Blüthen, oft von recht ansehnlicher Grösse, einige mit zartem Wohlgeruch; die bekannteste ist die **Azalee** (*Rhododendron indicum*) aus China und Südjapan, ein niedriger reich verzweigter Strauch, der in der Cultur fast unzählige Varietäten erzeugt.

Zwischen diesen Blüthenpflanzen stehen hier und da immergrüne Gewächse aus Japan, welche ihrer Belaubung wegen cultivirt werden, so *Aucuba japonica* (*Cornacee*), oft mit weissgefleckten Blättern *Skimmia japonica* (Rutacee), wie die vorige mit leuchtend rothen Früchten. *Evonymus japonicus* ist eine harte, sehr verbreitete Zimmerpflanze. Die reichlich blühenden (weiss, roth, blau) **Cinerarien** tragen viel zur Farbenpracht des Bildes bei; es sind sämmtlich Spielarten einer canarischen Art, *C. cruenta*.

Das Kamellienhaus steht in unmittelbarer Verbindung mit dem

F. Haus für tropische Nutzpflanzen. (N in K 4.)

In diesem Raume findet der Besucher, der sich für tropische Nutzpflanzen interessirt, die wichtigsten Vertreter derselben vereinigt. Eine ausführliche Etikettirung ist durchweg eingeführt und giebt an, worin der Nutzen der Pflanze besteht, und welche Producte sie liefert; wo ein volksthümlicher Name existirt, wurde derselbe hinzugefügt. Dies überhebt uns der Aufgabe, auf die einzelnen Arten näher einzugehen; wir machen nur auf die wichtigsten hier kurz aufmerksam:

Unter den Pflanzen, welche essbare Früchte als Nahrungs- oder Genussmittel liefern, verdienen der Brotfruchtbaum (*Artocarpus incisifolia*), die *Anona*- und *Psidium*-Arten, die Avocato-Birne (*Persea gratissima*), die Grenadillas (*Passiflora edulis*), der **Kakaobaum** (*Theobroma Cacao*) Erwähnung. Die **Betelnusspalme** (*Areca Catechu*) liefert für die Bewohner des malayischen Gebietes Früchte, welche zusammen mit den Blättern des Betelpfeffers (*Piper Betle*) als aufregendes Genussmittel gekaut werden. Der **Cassavestrauch** (*Manihot utilissima*) liefert essbare Knollen, deren Stärkemehl officinell ist. Wir begegnen nochmals den **Alocasien** mit ihren nährstoffreichen Knollen und dem **Kaffeebaum** (*Coffea arabica*), und von Gewürzpflanzen nennen wir **Zimmt** (*Cinnamomum zeylanicum*), **Pfeffer** (*Piper nigrum*) und **Vanille** (*Vanilla planifolia*). Gross ist die Zahl derjenigen Pflanzen, welche uns Drogen liefern; wir erinnern nur an den **Cocastrauch** (*Erythroxylon Coca*), aus dessen Blättern das Cocaïn gewonnen wird, und der bei uns fast das ganze Jahr hindurch blüht, an die **Chinabäume** (*Cinchona*, Chinarinden), an *Strychnos nux vomica*, welche die stark giftigen „Krähenaugen" und das Strychnin liefert, an *Smilax*, die Sarsaparilla-Sträucher, an die Tamarinden, (*Tamarindus indica*), an *Mallotus philippinensis* (Kamala) und viele andere. Unter den ölliefernden Pflanzen finden wir *Cananga odorata* (Macassaröl) *Andropogon Schoenanthus* (Lemon-Oel), die **Oelpalme** (*Elaeis guineensis*) und *Pogostemon Patschuli*, eine der Stammpflanzen des gleichnamigen Parfums. Die *Landolphia*-Arten, der Gummibaum (*Ficus elastica*), *Manihot Glaziovii* u. s. w. liefern Kautschuk, *Mimusops Balata*, Guttapercha *Bixa Orellana* und das Campecheholz (*Haematoxylon campechianum*) Farbstoffe. Unter den wichtigsten Arten, welche Nutzholz gewähren, sei nur an das Sandelholz (*Santalum album*), an den **Mahagonibaum** (*Swietenia Mahagoni*) und das Guajakholz (*Guajacum*) erinnert. *Phytelephas*, eine Fiederpalme, liefert das vegetabilische Elfenbein. Damit ist nur eine kleine Auswahl aus den reichen Schätzen dieses Hauses getroffen. Wer sich für tropische Nutzpflanzen interessirt, dem sei der wiederholte Besuch dieses Hauses auf das wärmste empfohlen.

G. Das Colonialhaus,

in welchem tropische Nutzpflanzen zur Anzucht für unsere Colonien in grösserer Menge herangezogen werden, ist für das Publikum nickt geöffnet, zumal die dort befindlichen Arten sämmtlich und in grösseren Exemplaren auch im Nutzpflanzenhause vertreten sind.

H. Das Winterhaus (W in G/H 5/6)

enthält im Winter die grössten Kalthauspflanzen, welche im Sommer im Freien aufgestellt sind und für deren Höhe andere Häuser keinen Raum bieten. Im Sommer ist es für die Studirenden hiesiger Hochschulen reservirt. Im Hause stehen einige starke Exemplare von Kaltauspflanzen, die im Boden ausgepflanzt sind. Unter diesen verdienen Beachtung folgende Arten: *Acacia dealbata* mit doppelt gefiederten, graugrünen Blättern, aus Australien; ebendaher stammen zwei Myrtaceen: *Melaleuca*-Arten, deren weissliche Rinde in papierartigen Streifen sich loslöst. *Magnolia grandiflora* ist im atlantischen Nordamerika heimisch. Aus dem Mittelmeergebiet stammen die **Myrte,** *Myrtus communis, Quercus lusitanica* und *Chamaerops humilis*, die **Zwergpalme**; letztere besass schon zur Zeit des Grossen Kurfürsten eine Höhe von 4 m, und daraus lässt sich annähernd das Alter derselben schätzen! Im hiesigen Garten blüht sie alljährlich. Als Schlinggewächs an dem Pfeiler emporkletternd finden wir eine Liliacee, *Semele androgyna*, von den Kanaren, deren Zweige blattartige Ausbildung zeigen (Phyllocladien), an deren Rande die Blüthen hervortreten, während die Blätter von schuppenartiger Gestalt erscheinen.

Druck von E. Buchbinder in Neu-Ruppin.

Verlag von GEBRÜDER BORNTRÆGER (Ed. Eggers) in Berlin.

JAHRBÜCHER

für

wissenschaftliche Botanik.

Begründet

von

Professor Dr. N. Pringsheim.

Herausgegeben

von

W. Pfeffer, und E. Strasburger,

Professor an der Universität Leipig. Professor an der Universität Bonn.

Achtundzwanzigster Band.
1895.

Berichte

der

Deutschen Botanischen Gesellschaft.

Gegründet am 17. September 1882.

Dreizehnter Jahrgang.
1895.

Zu beziehen durch jede Buchhandlung.

Verlag von GEBRÜDER BORNTRÆGER (Ed. Eggers) in Berlin.

Just's
Botanischer Jahresbericht.

Systematisch geordnetes Repertorium

der

Botanischen Litteratur aller Länder.

Begründet 1873.

Vom elften Jahrgang ab fortgeführt

und unter Mitwirkung von

Brick in Hamburg, **v. Dalla-Torre** in Innsbruck, **Hoeck** in Lucken-
walde, **Knoblauch** in Karlsruhe, **Ljungström** in Lund, **Matzdorff** in
Berlin, **Möbius** in Heidelberg, **Otto** in Proskau, **Petersen** in Kopen-
hagen, **Pfitzer** in Heidelberg, **Schube** in Breslau, **Solla** in Vallombrosa,
Sorauer in Berlin, **Staub** in Budapest, **Sydow** in Schöneberg-Berlin,
Taubert in Berlin, **van Vuyck** in Leiden, **Weisse** in Berlin,
Zahlbruckner in Wien, **Zander** in Berlin

herausgegeben

von

Professor Dr. E. Koehne,
Oberlehrer in Berlin.

Einundzwanzigster Jahrgang.
1893.

Zu beziehen durch jede Buchhandlung.

Verlag von GEBRÜDER BORNTRÆGER in Berlin.

Handbuch

der

systematischen Botanik.

Von

Dr. Eugen Warming,

Professor der Botanik an der Universität Kopenhagen.

Deutsche Ausgabe

von

Dr. Emil Knoblauch

in Königsberg i. Pr.

Mit einer Einleitung

in die

Morphologie von Blüte und Frucht.

Vom Verfasser durchgesehene und ergänzte Ausgabe.

Mit 573 Textabbildungen.

Preis 8 M. Gebunden 9 M.

Zu beziehen durch jede Buchhandlung.

Druck von R. Buchbinder in Neu-Ruppin.

Lightning Source UK Ltd.
Milton Keynes UK
UKOW021901300812

198296UK00005B/14/P